Holger Holz

Zu diesem Buch

«Der Schlüssel zur Kostenrechnung» erscheint in der Reihe, die das kaufmännische Grundwissen in strukturierter Form anbietet. Jeder der Bände
ist in sich abgeschlossen, zusammen bilden sie einen Grundkurs Betriebs-
lehre
● für alle kaufmännisch Auszubildenden, die zunächst einen intensiven
  Gesamtüberblick bekommen sollen;
● für alle Interessierten, die in nichtkaufmännischen Betriebssparten arbeiten, aber die wirtschaftlichen Zusammenhänge kennen wollen.
Der Aufbau der Reihe orientiert sich am System des betriebsbezogenen
Phasenunterrichts. Die Form der neuentwickelten, strukturierten Unterweisung erlaubt ein selbstbestimmtes Lernen, unabhängig von Lehrer und
Lernort, aber unter ständiger Eigenkontrolle. Der Lernstoff ist inhaltlich und
optisch in logische Einheiten gegliedert, zu denen es schriftlich zu lösende
Aufgaben gibt. Sie haben den Zweck,
● wesentliche Sachverhalte hervorzuheben und sie dadurch besser einzuprägen,
● die Abgrenzung von umliegenden Problemen zu erreichen,
● eine sinnvolle Vernetzung des Gelernten mit bereits vorhandenem Wissen zu ermöglichen.
So lassen sich die wichtigsten Zusammenhänge und Probleme in Unternehmen rasch erschließen.

«Der Schlüssel zur Kostenrechnung» gibt einen Überblick über die unterschiedlichen Verfahren zur Kostenrechnung. Über eine detaillierte Einführung in die Funktionen wird klargemacht, warum auf die Kostenrechnung bei
  Planungen,
  Entscheidungen,
  Unternehmenssteuerungen und Kontrollen
in modernen Unternehmen nicht mehr verzichtet werden kann.

Als zusammenfassender Dachband der Reihe «Kaufmännisches Grund-
wissen strukturiert» erschien:
Der Schlüssel zur Betriebswirtschaft (rororo sachbuch 7135)
Die weiteren Bände der Reihe sind:
Der Schlüssel zum Industriebetrieb
Bd. 1: Die Struktur des Unternehmens und Stellung in der Wirtschaft
       (rororo sachbuch 7110)
Bd. 2: Entscheidungen im Beschaffungs-, Produktions- und Absatzbereich
       (rororo sachbuch 7111)
Bd. 3: Entscheidungen im Finanzbereich und großer Schlußtest mit Pla-
       nungsbeispiel (rororo sachbuch 7112)
Der Schlüssel zur Bilanz (rororo sachbuch 7113)

Kaufmännisches Grundwissen strukturiert

Der Schlüssel zur Kostenrechnung

Einführung – Leitprogramm – Modellbetrieb

von Walther Zorn

Unter Mitwirkung des Teams
Siegfried Baumüller, Helga Schropp, Wilhelm Tange,
Anna-Elisabeth Ungnadner

Herausgegeben von Martin F. Wolters

Rowohlt

Illustrationen: Wilhelm Tange, Ingrid Schulz
Umschlagentwurf Werner Rebhuhn

Veröffentlicht im Rowohlt Taschenbuch Verlag GmbH,
Reinbek bei Hamburg, Mai 1979
Copyright © 1977 by Econ Verlag GmbH, Düsseldorf und Wien
Gesamtherstellung Clausen & Bosse, Leck
Printed in Germany
880-ISBN 3 499 17253 4

Vorwort des Herausgebers

Die Reihe «Kaufmännisches Grundwissen strukturiert» bringt gezielt die wesentlichen betriebswirtschaftlichen Themen in Form von allgemeinverständlichen, praxisorientierten Einführungen.

Alle Bücher dieser Reihe sind zum Selbststudium geeignet; sie wurden nach einer vom Autorenteam neu entwickelten Methode – der Strukturierten Unterweisung – verfaßt.

Betriebswirtschaftliche Probleme werden hier nicht nur theoretisch abgehandelt, sondern ihre praktischen Lösungen an konkreten Beispielen aufgezeigt und in Übungsaufgaben vom Leser selbst nachvollzogen.

Die Reihe wurde entwickelt und geschrieben

– für alle kaufmännisch Auszubildenden, denen ein intensiver Überblick über das gesamte Gebiet der Betriebswirtschaftslehre gegeben werden soll, bevor sie sich in Details einarbeiten;

– für alle, die vielleicht aus mehr technisch orientierten Berufssparten kommen und sich über die Verfahren und Methoden der betrieblichen Praxis zur Bewältigung ihrer Aufgaben grundlegend informieren müssen;

– für Studenten, die sich zum erstenmal mit Betriebswirtschaftslehre befassen und denen an einem verständlichen ersten Einblick gelegen ist, der den Wissensbereich nicht nur theoretisch abhandelt, sondern zugleich die praktischen Bezüge aufzeigt;

– für alle, die sich für kaufmännische Zusammenhänge interessieren und sich nicht an akademischen Werken die Zähne ausbeißen wollen.

Denn: diese Reihe schließt die Lücke zwischen Werken, die ausschließlich für wissenschaftliche Zwecke geeignet sind, und der sogenannten populärwissenschaftlichen Literatur.

Jedes Buch kann ohne Kenntnis der anderen Bücher dieser Reihe gelesen und verstanden werden. Aber im Verbund erst bringen sie die komplette Einführung in die betriebliche Praxis.

Der Herausgeber hofft, mit dieser Reihe dem Leser das Gebiet der Betriebswirtschaftslehre zu erschließen und ihm die Möglichkeit zu geben, Vorgänge in der Wirtschaft besser verstehen zu können.

Martin F. Wolters

Lernziele und Lernmethode

Wenn Sie das Buch »Der Schlüssel zur Kostenrechnung«
durchgearbeitet haben, wissen Sie um

■ die Bedeutung des Erfolges eines Unternehmens,
der sich insbesondere im Unternehmensergebnis ausdrückt;

■ die Grundsätze,
nach denen man in der Kostenrechnung verfährt;

■ die Wichtigkeit der Kostenrechnung
als Grundlage für Entscheidungen im Unternehmen.

Ferner können Sie, nachdem Sie theoretisches Wissen
über die Themen Kostenartenrechnung, Kostenstellenrechnung,
Kostenträgerrechnung aufgenommen haben,

■ Kosten nach Kostenarten gliedern

■ einen Betriebsabrechnungsbogen verstehen
und Kosten auf Kostenstellen verteilen

■ Kosten auf Kostenträger zurechnen

■ Zuschlagssätze ermitteln und somit

■ Kosten für eine Leistungseinheit kalkulieren,
um daraus Preisvorstellungen abzuleiten.

Das von uns erfundene Unternehmen PROD AG begleitet Sie
durch das Buch. Sie lernen das Unternehmen so gut kennen,
daß Sie am Schluß dieses Buches – unter unserer Anleitung –
dessen gesamte Kostenrechnung durchführen können.

In diesem Buch
wird eine vom Autorenteam entwickelte und erprobte
neue Lernmethode angewendet:

die Strukturierte Unterweisung.

Im Gegensatz zur herkömmlichen Programmierten Unterweisung,
bei der der Lehrstoff in kleine und kleinste Schritte zerlegt wird,
an die sich einfache Fragen anschließen,
die der Lernende schriftlich zu beantworten hat,
wird bei der Strukturierten Unterweisung
der gesamte Stoff in größere, logische Einheiten gegliedert,
in denen ein in sich geschlossenes Thema abgehandelt wird.

Zu jeder logischen Einheit
gibt es eine oder mehrere schriftlich zu lösende Aufgaben,
zu denen die Lösungen ausführlich auf den Rückseiten beschrieben sind.
Zweck dieser Aufgaben ist es,

■ wesentliche Sachverhalte hervorzuheben
   und sie dadurch besser einzuprägen,
■ die Abgrenzung von umliegenden Problemen zu erreichen,
■ eine sinnvolle Vernetzung des Gelernten
   mit bereits vorhandenem Wissen zu ermöglichen.

Alle Themen werden in einfachen Sätzen so beschrieben,
daß keine Verständnislücken entstehen.
Lieber wird auf interessante,
aber für die Erreichung des Lernziels
nicht unbedingt erforderliche Details verzichtet,
als sie ungenügend erklären zu müssen.

Die inhaltliche Strukturierung des Lehrstoffes wird unterstützt
durch eine das Lernen erleichternde optische Strukturierung.
Wesentlich daran ist,
daß die einzelnen Seiten übersichtlich sind,
der Text durch pädagogisch wirksame Illustrationen aufgelockert ist,
Lernbegriffe und Merksätze deutlich hervorgehoben werden,
sachlich und logisch zusammengehörige Informationen
auf einer oder auf sich gegenüberliegenden Seiten stehen
und die Sätze leicht lesbar sind.

Alles, was an theoretischem Wissen vermittelt wird,
wird durch Beispiele untermauert,
an denen Sie selbst mitarbeiten;
denn indem Sie einen Vorgang bearbeiten,
von dem Sie kurz zuvor in der Theorie gehört haben,
prägen Sie sich die Zusammenhänge,
in denen dieser Vorgang steht, besser ein.

Nach sorgfältiger Durcharbeit dieses Buches
haben Sie einen umfassenden Überblick
über die verschiedenen Arten von Kosten
und die Möglichkeit ihrer Berechnung;
Sie verfügen über Kenntnisse der Betriebsabrechnung
und der Kalkulation
und können den Preis eines Produkts
seinen Kosten gegenüberstellen.

Gewiß sind Sie mit diesem Grundwissen
noch kein perfekter Kostenrechner,
aber Sie verstehen die Geschehnisse
und Abläufe eines Unternehmens
und Ihre eigene Stellung darin besser.

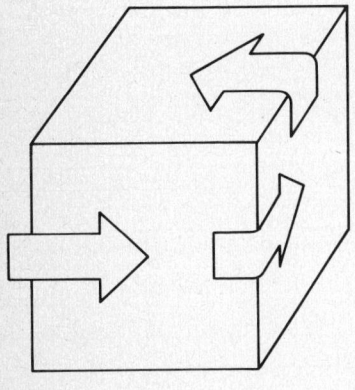

Modellbetrieb: PROD AG

Unternehmenserfolg und
Kostenrechnung

WAS wird verzehrt,
welche Kosten entstehen
– Kostenartenrechnung –

WO
entstehen die Kosten
– Kostenstellenrechnung –

WOFÜR
entstehen die Kosten
– Kostenträgerrechnung –

Praktisches Beispiel:
Kostenrechnung der PROD AG

Anhang

Nachdem Sie im technischen Vorspann
etwas über Lernziele und Lernmethode
dieses Buches gehört haben,
zeigt Ihnen dieser Vorspann,
welchen Stellenwert
die Kostenrechnung
in einem Unternehmen hat
und er macht Sie
mit der PROD AG bekannt,
einem Unternehmen,
das speziell
für dieses Buch erdacht wurde,
damit Sie sehen, wie sich
die angesprochenen Probleme
in der Praxis darstellen.

Modellbetrieb: PROD AG

Die Kostenrechnung im Rahmen des Rechnungswesens
Der Modellbetrieb
Die PROD AG in Zahlen und Daten

Unternehmenserfolg und Kostenrechnung

Die Ermittlung des Ergebnisses
Die Bedeutung des Ergebnisses
Die Lokalisierung der Ergebnisquellen
Die Grundsätze der Kostenrechnung
Übersicht über die Kostenrechnung
       Die Kostenartenrechnung
       Die Kostenstellenrechnung
       Die Kostenträgerrechnung

Die Kostenrechnung
im Rahmen des Rechnungswesens

In jedem Unternehmen laufen ständig
eine Vielzahl technischer und wirtschaftlicher Prozesse ab.

Um alle diese Vorgänge
planen, beurteilen, steuern und kontrollieren zu können,
müssen sie in Zahlen sichtbar gemacht werden.

Die Erfassung und Aufbereitung dieser Daten (Werte, Mengen)
vollzieht sich zu einem großen Teil im Rechnungswesen.

Das Rechnungswesen wird in vier Teilgebiete untergliedert.

1	Finanzbuchhaltung
2	Betriebswirtschaftliche Statistik
3	Planungsrechnung
4	Kostenrechnung

1 In der **Finanzbuchhaltung**
werden alle Vorgänge, die das Vermögen und die Schulden
eines Unternehmens verändern, in ihrer Aufeinanderfolge
wertmäßig erfaßt und *sachlich gegliedert.*
Die Finanzbuchhaltung schreibt die Bilanzzahlen fort,
stellt die neue *Bilanz* (am Ende einer Periode) auf und
ermittelt das Ergebnis der Periode (Periode = Abrechnungszeitraum)
in der *Gewinn- und Verlustrechnung.*
Es handelt sich um eine vergangenheitsbezogene Zeitrechnung.

2 In der **betriebswirtschaftlichen Statistik**
wird das im Unternehmen anfallende Zahlenmaterial gesammelt,
gesichtet, geordnet und *systematisch ausgewertet,*
indem Beziehungen und Zusammenhänge
durch Vergleich von betrieblichen Größen ermittelt werden.
Zweck der Statistik ist es, *Planungs- und Entscheidungsunterlagen*
zu schaffen und *Wirtschaftlichkeitskontrollen* vorzunehmen.

3 Die **Planungsrechnung**
legt in Zahlen die für die folgenden Geschäftsperioden
gesetzten *Ziele* fest und stellt in vielen Teilplänen
die *Maßnahmen* und den *Mitteleinsatz* (in Zahlen ausgedrückt) dar,
mit denen diese Ziele erreicht werden sollen.
Die Planung braucht als Ausgangsdaten die Zahlen der
anderen Gebiete des Rechnungswesens und baut darauf Prognosen auf.
Sie ist *zukunftsorientiert.*

4 Die **Kostenrechnung**
Die Aufgabe der Kostenrechnung besteht im wesentlichen darin,
den Aufbau und den Ablauf des betrieblichen Leistungsprozesses
wertmäßig zu erfassen und *darzustellen.*
Somit schafft sie wichtige Unterlagen
für alle wirtschaftlichen Entscheidungen eines Unternehmens.
Sie zeigt die kostenmäßigen Auswirkungen
möglicher Entscheidungsalternativen bzw. bereits getroffener
Entscheidungen auf, und sie kontrolliert die Erfüllung
der getroffenen Entscheidungen.
Sie ist deshalb *vergangenheits- und zukunftsorientiert.*

Auf welche Weise und mit welchen Mitteln die Kostenrechnung
diese Aufgabe leisten kann, ist Inhalt dieses Buches.

Der Modellbetrieb

Die Kostenrechnung ist ein Rechnungswerk,
das sich am leichtesten begreifen läßt,
wenn man die dabei vorkommenden Arbeiten
einmal selbst vollzieht.

Um Sie als Leser
in die Lage eines Kostenrechners versetzen zu können,
haben wir einen sehr einfachen **Modellbetrieb,**
die **PROD AG,** erdacht,
für den Sie
als Kostenrechner
wirken können.

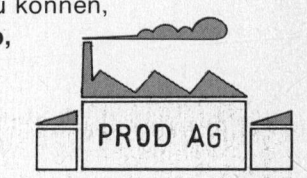

Ein Großteil der Übungsaufgaben und erläuternden Beispiele
sind aus diesem Modellbetrieb abgeleitet.
Damit wollen wir erreichen,
daß Ihnen die PROD AG und deren Probleme immer vertrauter werden,
so daß Sie am Ende des Buches in einer großen Schlußübung
die Kostenrechnung für die PROD AG in einem geschlossenen Beispiel
nachvollziehen und ergänzen können.

Alle Beispiele, die sich auf die PROD AG beziehen,
sind mit diesem Symbol **PROD AG** ⬓ gekennzeichnet.

Auf der nächsten Seite wollen wir Ihnen die PROD AG
in einer schematischen Darstellung präsentieren.
Die vergrößerte Abbildung
finden Sie im Anhang des Buches auf Seite 233.

Es empfiehlt sich – besonders bei der Durcharbeit
des Anwendungsbeispiels am Schluß des Buches –
dieses Schema herauszutrennen
und als Vorlage zu verwenden, da es für die Lösung
der einzelnen Aufgaben erforderliche Informationen
(z. B. Raumbedarf in qm, Strom-Anschlußwerte der Maschinen,
Kopfzahlen) enthält.

Die PROD AG in Zahlen und Daten

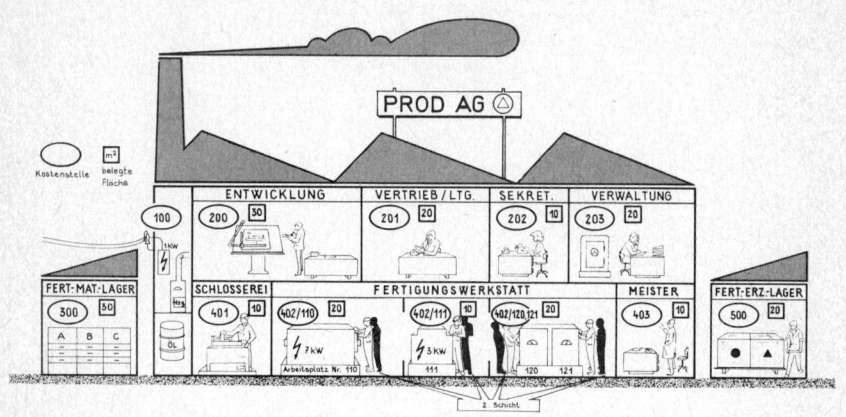

1. Produkte
Es werden zwei Produktgruppen hergestellt

Produktgr. »Scheibe« ●   Produktgruppe »Dreieck«▲

2. Fertigung
Die Fertigung verarbeitet Fertigungsmaterial (Rohmaterial)

F-Mat A   F-Mat B   F-Mat C

Mengeneinheiten je Produkt sind aus der Stückliste (S. 205) zu ersehen.
Arbeitsgänge in der Fertigung:

Bearbeiten ➡ Montieren ➡ Prüfen

Einzelheiten hierzu können dem Arbeitsplan (S. 207) entnommen werden.

Personal:
   8 Mitarbeiter in der Fertigungswerkstatt.
   Das Fertigungspersonal arbeitet in 2 Schichten zu je 4 Personen.
   1 Schlosser, er besorgt auch das Einrichten der Maschinen.
   (Lohn-/Gehaltslisten: siehe Bild der PROD AG, Seite 233).

3. Lager

Die beiden Lager, F-Mat-Lager (= Fertigungsmateriallager) und
F-Erz-Lager (= Fertigerzeugnislager),
werden von einem Lagerarbeiter betreut,
dessen Arbeitszeit sich jeweils zur Hälfte, also 50 : 50,
auf die beiden Lager verteilt. Die Durchschnittsbestände
sind aus dem Bild der PROD AG (Lagerkarteien, S. 233) zu ersehen.

4. Übrige Dienststellen

Verwaltung, Vertrieb, Entwicklung und Sekretariat sind mit je
1 Mitarbeiter besetzt. Die Verwaltung ist auch für die Kostenrechnung
zuständig. Der Vertriebsleiter ist gleichzeitig Unternehmensleitung.

5. Rechtsform

Die Gesellschaft wird in der Rechtsform der AG betrieben.
Sie hat 400 000,– DM Grundkapital.
Auf das Ergebnis sind 50 % Steuern zu entrichten.

6. Bilanz Vorjahr

AKTIVA		PASSIVA		
Anlagevermögen	DM	**Eigenkapital**	DM	
Sachanlagen	800 000,–	Grundkapital	400 000,–	60 %
Umlaufvermögen		Rücklagen	320 000,–	
Vorräte/Material	110 000,–	**Fremdkapital**		
Fertigerzeugnisse	100 000,–	langfrist. Verbindl.	300 000,–	40 %
Forderungen	140 000,–	kurzfrist. Verbindl.	150 000,–	
Flüssige Mittel	50 000,–	Verbindl. an Liefer.	30 000,–	
Summe	1 200 000,–	Summe	1 200 000,–	

Umsatz: 1 200 000,– DM

7. Urlaubsregelung

Der Betrieb schließt 1 Monat lang.
Damit sind alle Urlaubsansprüche abgegolten.

Bevor Sie mit den Details der Kostenrechnung vertraut gemacht werden,
erfahren Sie in einem einführenden Kapitel, wie wichtig
das Ergebnis eines Unternehmens ist, wie es entsteht, wo es
entsteht und wer dafür verantwortlich ist. Dabei lernen Sie auch
die für die Kostenrechnung wichtigen begrifflichen Abgrenzungen
zwischen Einsatz und Ausbringung, Aufwand und Ertrag
sowie Kosten und Leistung kennen.

Unternehmenserfolg und Kostenrechnung

Die Ermittlung des Ergebnisses

Die Aufgabe eines Unternehmens innerhalb der Wirtschaft
besteht darin, **Leistungen** zu erbringen,
die anderen Unternehmen zur Weiterverarbeitung dienen
oder direkt an den Verbraucher gelangen.
Eine Leistung kann die Herstellung eines Produkts
oder eine Dienstleistung (z. B. Wartung, Montage, Beförderung) sein.

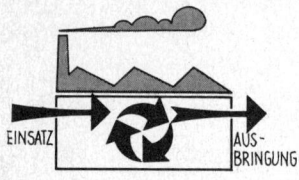

EINSATZ   AUS-
BRINGUNG

Beim Leistungsprozeß
werden **Güter** eingesetzt
und verbraucht;
dabei entstehen neue Güter (= Leistungen).

Dieser Prozeß muß gesteuert werden.
Ein Ziel der Steuerung ist es,
den Prozeß *wirtschaftlich-sinnvoll* zu gestalten.
Wirtschaftlich-sinnvoll ist er nur,
wenn mehr Werte entstehen als verbraucht werden.
Ein Unternehmen, das mehr Werte verzehrt als es neu schafft,
verzehrt sich im Laufe der Zeit selbst,
es gefährdet seine Existenz.
Es leuchtet daher ein, daß der Leistungsprozeß so geplant,
durchgeführt und gesteuert werden muß, daß er wirtschaftlich ist.
Dazu muß der Leistungsprozeß durchsichtiger gemacht werden.
Das erreicht man,
indem man den gesamten Prozeß in seine Grundvorgänge auflöst.

Beim **Gütereinsatz** lassen sich drei große Gruppen unterscheiden:

Einsatz und Verbrauch von **Material**
(Werkstoffe wie Rohstoffe, Teile,
Betriebs-, Hilfsstoffe)

Einsatz und Verbrauch
von **menschlicher Arbeitskraft**

Einsatz und Verbrauch
von **Produktionsmitteln**
(Maschinen, maschinelle Anlagen,
Transporteinrichtungen usw.)

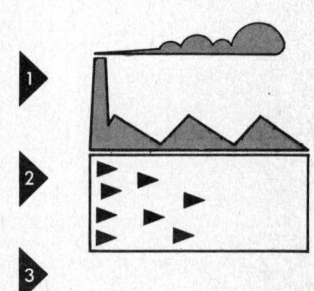

Die erbrachte Leistung, die sog. **Güterausbringung,**
das sind die Produkte oder Dienstleistungen, werden entweder:

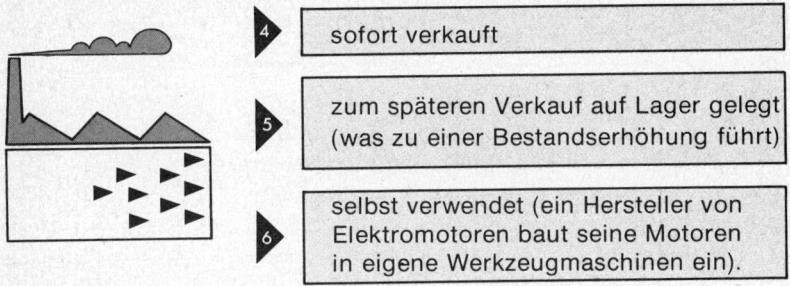

Wenn Gütereinsatz und Güterausbringung verglichen werden sollen,
so scheitert das zunächst daran,
daß die einzelnen Gütermengen nicht addiert werden können,
weil es sich in der Regel um ganz verschiedene Einheiten
wie Kilogramm, Stunden, Meter usw. handelt.
Es muß dafür ein *gemeinsamer Nenner* gefunden werden.

Um diesen gemeinsamen Nenner zu finden,
werden Gütereinsatz und Güterausbringung *bewertet.*
Ihr **Geldwert** ist der gemeinsame Nenner.

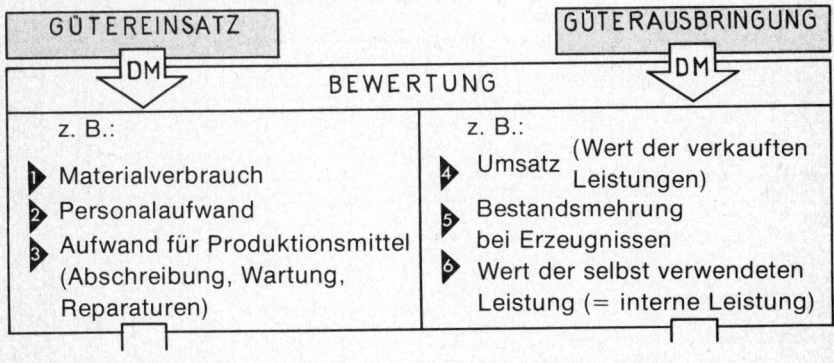

Den Wert der verzehrten
(eingesetzten) Güter in einem Zeitraum
(Monat, Quartal, Jahr) nennt man

Den Wert der erstellten
(ausgebrachten) Güter
in einem Zeitraum nennt man

Subtrahiert man den Aufwand vom Ertrag, so erhält man
das Ergebnis für den entsprechenden Abrechnungszeitraum:

Ertrag ./. Aufwand = Ergebnis bzw. Erfolg

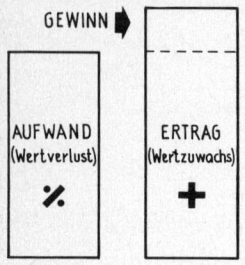

Ist der Ertrag (Wertzuwachs) größer
als der Aufwand (Wertverlust),
so ergibt sich ein **Gewinn.**
Ist der Aufwand größer als der Ertrag,
so ergibt sich ein **Verlust.**
Deshalb nennt man die Erfolgsrechnung
Gewinn- und Verlustrechnung
oder auch **Aufwands- und Ertragsrechnung.**

Die Erfolgsrechnung ist eine **Zeitraum**betrachtung.
(Die Bilanz dagegen ist eine **Zeitpunkt**betrachtung!).

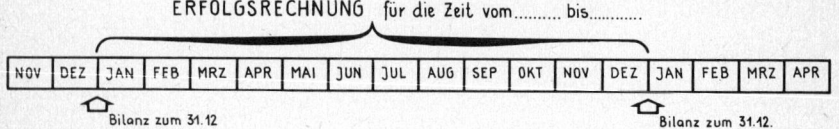

Ein Beispiel:

ERFOLGSRECHNUNG				
AUFWAND		ERTRAG		
	DM			DM
Materialverbrauch	**20'**	Umsatz		**53'**
Personalaufwand (Lohn- u. Gehaltszahlungen)	**30'**	Bestandsmehrung bei Erzeugnissen	**+**	**4'**
Abschreibungen	**9'**	Bestandsminderung bei Erzeugnissen	**%** *)	**—**
Zinsaufwand	**1'**	Selbst erstellte Anlagen		**8'**
SUMME AUFWAND	**60'**	SUMME ERTRAG		**65'**

ERGEBNIS	**+5'**	GEWINN

*) Bestandsminderung heißt: Es wurden mehr Güter verkauft als
produziert; es wurden also auch Güter aus einem früheren
Produktionszeitraum verkauft.

1. Um Gütereinsatz und -ausbringung vergleichen zu können,
   benötigt man einen gemeinsamen Nenner.
         Dieser gemeinsame Nenner ist der .... der Güter.

2. Den Wert der
   in einem Zeitraum verzehrten Güter
              nennt man ....

   den Wert der
   in einem Zeitraum erstellten Güter
              nennt man ....

3. Wie lautet die Formel
   für die Errechnung des Erfolges eines Unternehmens?
   Kreuzen Sie die richtige Lösung an!

          Ertrag : Aufwand = Erfolg   ◯

          Aufwand + Ertrag = Erfolg   ◯

          Ertrag ./. Aufwand = Erfolg   ◯

4. Welche Zeitbetrachtung wird der Erfolgsrechnung zugrundegelegt?

          Zeitraumrechnung   ◯

          Zeitpunktrechnung   ◯

5. Ordnen Sie die nachstehenden Beträge
   nach Aufwand und Ertrag
   und ermitteln Sie das Ergebnis!

		Aufwand	Ertrag
Materialverbrauch	100'	....	....
Löhne, Gehälter	150'	....	....
Umsatz	410'	....	....
Bestandsmind. b. Erzeugnissen	10'	....	....
Abschreibungen	60'	....	....
sonstige Aufwendungen	70'	....	....
		....	....

Ertrag	Aufwand	Ergebnis
[DM] ✱	[DM] =	[DM]

1. Der gemeinsame Nenner
   für den Vergleich von Gütereinsatz und -ausbringung ist der
   Geldwert.

2. Den Wert der in einem Zeitraum verzehrten Güter nennt man
   Aufwand,
   den Wert der in einem Zeitraum erstellten Güter nennt man
   Ertrag.

3. Die Formel
   für die Errechnung des Erfolges eines Unternehmens lautet

   ○

   ○

   ⊗ Ertrag ./. Aufwand = Erfolg

4. Die Erfolgsrechnung ist eine

   ⊗ Zeitraumrechnung

   ○

5.

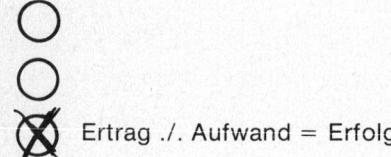

Aufwand	Ertrag
100'	
150'	
	410'
	./. 10'
60'	
70'	
380'	400'

Ertrag		Aufwand		Ergebnis
400'	./.	380'	=	+ 20'

Die Bedeutung des Ergebnisses

Ein Unternehmen kann auf Dauer nicht bestehen,
wenn es mehr Vermögenswerte verzehrt als dazugewinnt.
Es gleicht damit einem Menschen, der mehr Kalorien verbraucht,
als er dem Körper zuführt. Das Unternehmen verliert an Substanz.

Damit diese Auszehrung nicht stattfindet,
muß der Ertrag mindestens so groß sein wie der Aufwand.
Das reicht aber auf lange Sicht gesehen noch nicht aus.
Es ist vielmehr erforderlich,
daß das Unternehmen einen **angemessenen Gewinn** macht.

Warum Unternehmen auf Sicht einen angemessenen Gewinn
erwirtschaften müssen, wird deutlich,
wenn man die Verwendung des Gewinns einer AG betrachtet.

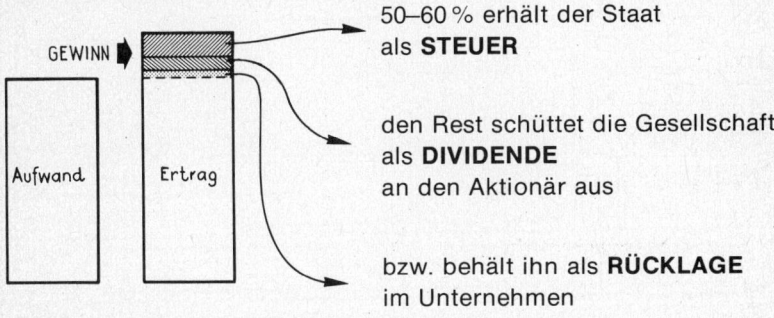

50–60 % erhält der Staat
als **STEUER**

den Rest schüttet die Gesellschaft
als **DIVIDENDE**
an den Aktionär aus

bzw. behält ihn als **RÜCKLAGE**
im Unternehmen

Die **Dividende** ist das Entgelt,
das der Eigenkapitalgeber für die Überlassung der Mittel
»quasi als Zins« erhält.
Niemand wird einer Gesellschaft auf Dauer sein Geld geben,
wenn er nicht dafür entschädigt wird.

Die Bildung von **Rücklagen** führt dazu,
daß das Unternehmen sein Eigenkapital vergrößert.
Es wird damit unempfindlicher gegen vorübergehende Schwierigkeiten
(Verlustausgleich).

Es wird kreditwürdiger und bekommt bei Bedarf
auch leichter Fremdmittel.
Besonders wichtig ist,
daß Rücklagen zur Finanzierung des Wachstums beitragen.

Zwischen **Umsatz** und **Kapitalbedarf** besteht eine sehr enge Beziehung.
So wie der Umsatz wächst, steigt auch der Kapitalbedarf.
Die Vergrößerung des Geschäftsvolumens
erfordert z. B. mehr Maschinen, Gebäude, Vorräte,
bringt mehr Außenstände (= Forderungen) usw.
Um den durch Umsatzzuwachs ausgelösten Kapitalbedarf zu decken,
müssen alle Kapitalgeber (auch die Aktionäre)
immer wieder angesprochen werden.
Sie müssen deshalb mit einer befriedigenden Dividende
»bei Laune« gehalten werden.
Der Gewinn wird somit
zu einer wichtigen Voraussetzung für das Wachstum des Unternehmens.

Zusammengefaßt läßt sich feststellen:
Ein Unternehmen, das Gewinn erwirtschaftet, kann

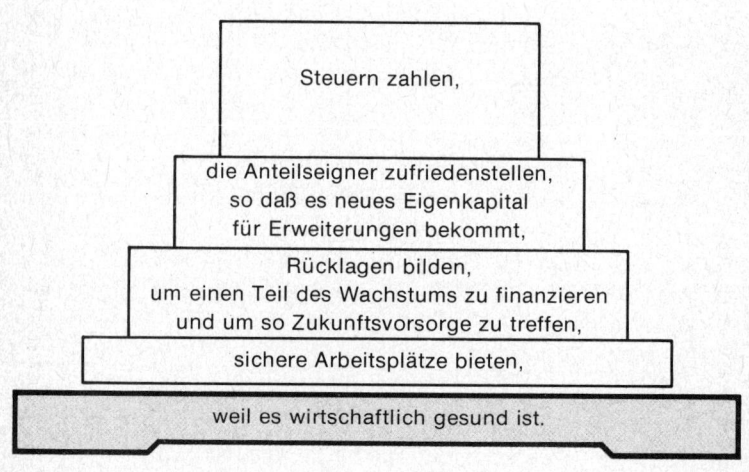

Steuern zahlen,

die Anteilseigner zufriedenstellen,
so daß es neues Eigenkapital
für Erweiterungen bekommt,

Rücklagen bilden,
um einen Teil des Wachstums zu finanzieren
und um so Zukunftsvorsorge zu treffen,

sichere Arbeitsplätze bieten,

weil es wirtschaftlich gesund ist.

Der Preis für jedes verkaufte Produkt
muß neben der Abdeckung aller anfallenden Aufwendungen
so viel Gewinn einschließen, daß er ausreicht,
um die oben genannten Zwecke zu erfüllen.

1. Um auf Dauer wirtschaftlich gesund zu bleiben,
   muß ein Unternehmen .... erwirtschaften.

2. Wenn ein Unternehmen Gewinn erwirtschaftet,
   so bedeutet das,

   daß das Unternehmen wirtschaftlich gesund ist   ◯

   daß das Unternehmen sichere Arbeitsplätze bieten
   kann   ◯

   daß das Unternehmen mehr Vermögenswerte
   verzehrt als dazugewinnt   ◯

   daß das Unternehmen Rücklagen bilden kann   ◯

   daß das eingesetzte Kapital der Anteilseigner
   verzinst werden kann   ◯

3. Die PROD AG hatte im Vorjahr bei einem Kapitaleinsatz von 1'200
   einen Umsatz von ebenfalls 1'200 gemacht (s. S. 19).

   Wie hoch ist der zusätzliche Kapitalbedarf im neuen Jahr,
   wenn der Umsatz um 20 % steigt und man davon ausgehen kann,
   daß Umsatz und Kapitalbedarf im gleichen Verhältnis steigen?

   Umsatzsteigerung   = DM ....
   dadurch entsteht ein Zusatzbedarf
   bei Kapital von insgesamt   DM ....

   Wieviel muß davon als Eigenkapital aufgebracht werden,
   wenn die Kapitalstruktur
   (Verhältnis Eigenkapital : Fremdkapital = 60 : 40)
   gleich bleiben soll?

   zusätzlicher Eigenkapitalbedarf   = DM ....

1. Gewinn

2. Wenn ein Unternehmen Gewinn erwirtschaftet, so bedeutet das

 daß das Unternehmen wirtschaftlich gesund ist,

 daß das Unternehmen sichere Arbeitsplätze bieten kann,

○

 daß das Unternehmen Rücklagen bilden kann,

 daß das eingesetzte Kapital der Anteilseigner
verzinst werden kann

3.

DM 240.000.- Umsatzsteigerung

DM 240.000.- zusätzlicher Kapitalbedarf

DM 144.000.- zusätzliches Eigenkapital

Die Bildung von Rücklagen ...

... macht auch den privaten Haushalt «unempfindlicher gegen vorübergehende Schwierigkeiten».

Rücklagen und vorbeugen, das ist die beste Gymnastik für gesunde Finanzen.

Pfandbrief und Kommunalobligation

Meistgekaufte deutsche Wertpapiere - hoher Zinsertrag - schon ab 100 DM bei allen Banken und Sparkassen

Die Lokalisierung der Ergebnisquellen

Wenn das erwirtschaftete Ergebnis
für ein Unternehmen so wichtig ist, liegt es nahe,
ein Unternehmen ständig daraufhin zu untersuchen und zu beobachten,

- wie das Ergebnis entsteht

- wo es entsteht

- wer für das Ergebnis verantwortlich ist.

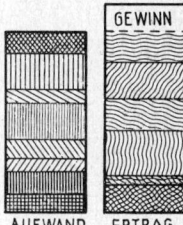

Der erste Schritt dazu ist,
die Aufwendungen und Erträge *aufzugliedern*.
An den folgenden Beispielen werden Sie erkennen,
daß nicht alle erfolgswirksamen Vorgänge
im Unternehmen gleich behandelt werden können:

Fall A: *Für die Fertigung wird Material aus dem Lager entnommen.*

Fall B: *Die Lagerhalle wird durch Brand vernichtet.*

Fall C: *Für ein an Mitarbeiter vermietetes Haus
          wird eine Reinemachefrau bezahlt.*

In allen Fällen handelt es sich um Aufwand (= Wertverzehr).
Bei der Betrachtung so unterschiedlicher Vorgänge
wird zunächst zu fragen sein,
ob der Wertverzehr dadurch entstanden ist,
daß der Betrieb seiner eigentlichen Aufgabe, **dem Betriebszweck,**
nachgekommen ist.
Der Betriebszweck
kann z. B. das Herstellen und Verkaufen von Elektromotoren sein.

Aller *Wertverzehr,* der sich
aus der Erfüllung des Betriebszweckes ergibt (Fall A),
ist von anderem Wertverzehr (Fälle B und C) *getrennt* zu behandeln.
Genauso ist es beim *Wertzuwachs.*
Es interessiert aus verständlichen Gründen natürlich vor allem,
wie der Betrieb mit der Erfüllung der Aufgabe fertig wird,
deretwegen er ins Leben gerufen worden ist.

Bei Aufwands-/Ertragsvorgängen sind – bezogen auf den Betriebszweck, d. h. die betriebliche Leistungserstellung – 3 Möglichkeiten zu unterscheiden:

① Vorgänge, die sich aus dem **normalen** Ablauf der betrieblichen Leistungserstellung ergeben,

② Vorgänge, die sich aus **außergewöhnlichen** Abläufen bei der betrieblichen Leistungserstellung ergeben oder

③ Vorgänge, die mit der **betrieblichen** Leistungserstellung **nicht** im Zusammenhang stehen = **betriebsfremd.**

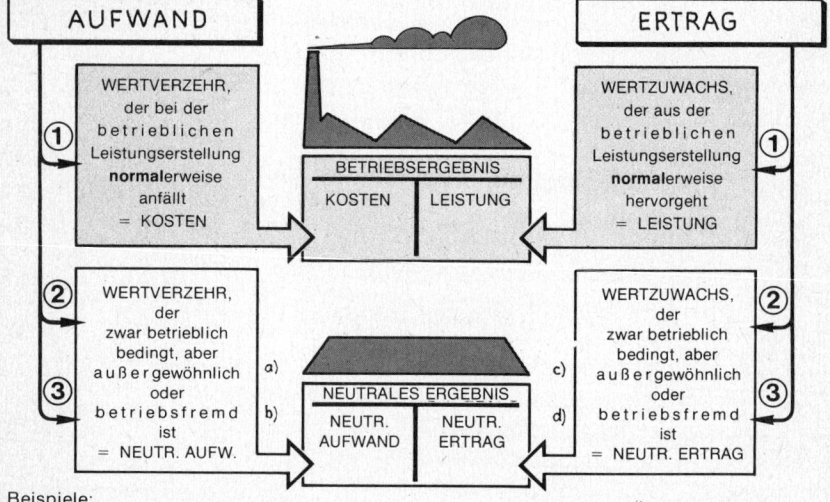

Beispiele:

a) – Zerstörung einer Werkstatt durch Feuer
   – Bruch einer Werkzeugmaschine
   – Diebstahl im Lager
   – Forderungsausfall bei Konkurs des Kunden

b) – Verlust aus Wertpapieren durch Spekulation

c) – Leistung der Versicherung für Feuerschaden
   – Gewinn aus dem Verkauf von Anlagen
   – Gewinn aus dem Verkauf eines Grundstückes

d) – Gewinn aus Wertpapieren durch Spekulation

Diese Aufteilung gibt die Möglichkeit, die Ergebnisquellen und die Verantwortlichkeiten deutlicher zu machen. Es zeigt sich, ob das Unternehmen das Ergebnis aus der Erfüllung der eigentlichen Aufgabe unter normalen Umständen oder durch Nebengeschäfte oder außergewöhnliche Vorgänge erwirtschaftet hat.

Stellt man die Leistungen den Kosten gegenüber,
so erhält man als Differenz das **Betriebsergebnis.**

> **Leistung ./. Kosten = Betriebsergebnis**
> BETRIEBSERGEBNISRECHNUNG

Die Differenz zwischen Neutralem Ertrag und Neutralem Aufwand
ist das **Neutrale Ergebnis**
(gelegentlich auch als »Abgrenzungsergebnis« bezeichnet).

> **Neutraler Ertrag ./. Neutraler Aufwand = Neutrales Ergebnis**
> ABGRENZUNGSRECHNUNG

Betriebsergebnis und Neutrales Ergebnis
ergeben zusammen das **Ergebnis vor Abzug der Steuer.**
Nach Abzug der Ertrags- und Vermögenssteuern
verbleibt das
zur Ausschüttung und Rücklagenbildung
verfügbare Ergebnis = **Ergebnis nach Steuern**
              bzw. Jahresüberschuß (bei AG).

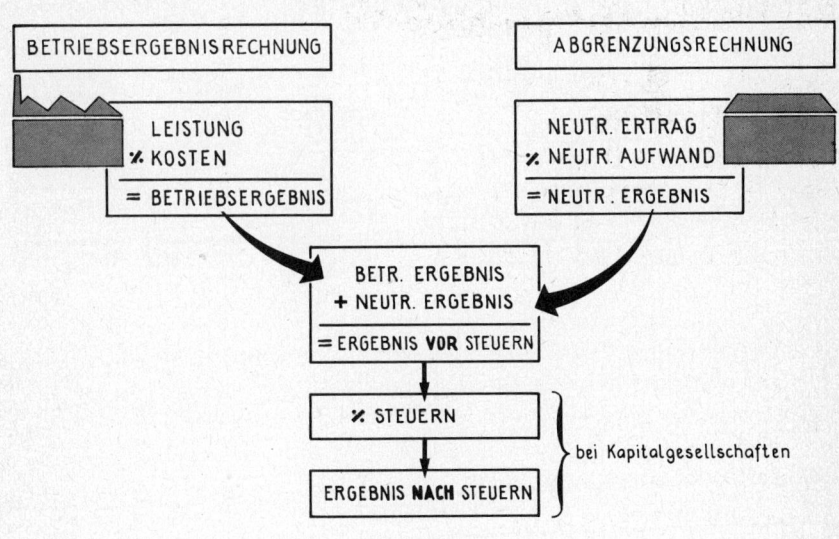

Durch das zunächst getrennte Durchführen
der Betriebsergebnisrechnung
und der Abgrenzungsrechnung wird erreicht,
daß das Unternehmen nach den Vorgängen beurteilt werden kann,
die aus der Erfüllung des Betriebszweckes hervorgehen.
Würde man diese Vorgänge nicht abtrennen,
so könnte das zu falschen Schlüssen
und evtl. auch zu falschen Entscheidungen führen.
Wenn das Ergebnis durch einen Schadensfall
(Feuer, Forderungsausfall) in einem Jahr z. B. besonders schlecht wäre,
würde man vielleicht in Unkenntnis des wirklichen Sachverhalts
den Betrieb »wegen Unwirtschaftlichkeit« schließen.
Oder man würde im umgekehrten Fall den Betrieb erweitern,
weil das Ergebnis, das vielleicht
durch eine außergewöhnliche Versicherungsleistung überhöht ist,
vermuten läßt, daß die Geschäfte z. Zt. besonders lukrativ sind.

Bei großen Unternehmen werden die genannten Ergebnisrechnungen
noch zusätzlich nach Organisationseinheiten (= profit centers)
untergliedert.

Ein Beispiel:

Durch das Aufteilen in ein Betriebsergebnis (+ Abgrenzungsergebnis)
und ein spezielles Vertriebsergebnis (+ Abgrenzungsergebnis)
für jede wirschaftende Organisationseinheit
lassen sich die Ergebnisquellen noch genauer lokalisieren und steuern.

Für die jeweiligen organisatorischen Einheiten
können **Ergebnisziele** aufgestellt werden,
an denen sie gemessen werden.
So kann den unterschiedlichsten Voraussetzungen und den
speziellen Möglichkeiten dieser Einheiten Rechnung getragen werden.

Die im Beispiel gezeigte Untergliederung bei der Ergebnisrechnung
in die einzelnen Betriebe und deren Vertriebe
reicht im Normalfall noch nicht aus.
Es muß vielmehr noch weiter untergliedert werden,
z. B. in Bereiche, Gebiete, Abteilungen, Unterabteilungen,
um das Entstehen des Ergebnisses
»an der Wurzel« kontrollieren zu können.
Außerdem muß
– unabhängig von den organisatorischen Einheiten im Unternehmen –
untersucht werden, wie das einzelne Produkt oder der einzelne Auftrag
am Gesamtergebnis beteiligt ist (= Stückergebnis).
Mehr davon erfahren Sie in einem der nächsten Kapitel.

Lokalisierung der Ergebnisquellen   Fragen zu 29–33

---

1. Versuchen Sie, die folgenden Vorgänge
   nach dem Einfluß auf das Betriebsergebnis
   bzw. auf das Neutrale Ergebnis zu ordnen.

zu behandeln als

	KOSTEN	NEUTR. AUFWAND
1. Erzeugnisse werden im Lager durch Nässe unbrauchbar	◯	◯
2. Maschinen werden vorzeitig verschrottet	◯	◯
3. Rohmaterial wird für die Fertigung verbraucht	◯	◯
4. Ein Kurzschluß zerstört die Prüfeinrichtung	◯	◯
5. Ein Kunde macht Konkurs, die Forderungen gegen ihn fallen aus	◯	◯

1.

KOSTEN | NEUTR. AUFWAND

KOSTEN	NEUTR. AUFWAND	
◯	⊗	Erzeugnisse werden im Lager durch Nässe unbrauchbar (betrieblich, aber außergewöhnlich)
◯	⊗	Maschinen werden vorzeitig verschrottet (betrieblich, aber außergewöhnlich)
⊗	◯	Rohmaterial wird für die Fertigung verbraucht (betrieblich normal)
◯	⊗	Ein Kurzschluß zerstört die Prüfeinrichtung (betrieblich, aber außergewöhnlich)
◯	⊗	Ein Kunde macht Konkurs, die Forderungen gegen ihn fallen aus (betrieblich, aber außergewöhnlich)

2. In welcher Rechnung wird das Ergebnis ermittelt,
   das durch Neutrale Aufwendungen und Neutrale Erträge
   zustande kommt?

   Betriebsergebnisrechnung ◯

   Abgrenzungsrechnung ◯

3. Rechnen Sie anhand der nachstehenden
   Daten eines Unternehmens
   das Betriebsergebnis, das Neutrale Ergebnis
   und das Ergebnis vor Steuer aus!

Kosten	= 17' DM	Betriebsergebnis	=..........DM
Neutr. Aufwand	= 7' DM	Neutrales Ergebnis	=..........DM
Leistung	= 20' DM		
Neutraler Ertrag	= 5' DM	Ergebnis vor Steuer	=..........DM

4. Was versteht man unter dem Begriff »Kosten«?

   Jeden Wertverzehr in einer Periode ◯

   Wertzuwachs, der sich
   aus der betrieblichen Leistungserstellung ergibt ◯

   Wertverzehr, der
   der normalen betrieblichen Leistungserstellung dient ◯

5. Ein Unternehmen produziert ausschließlich
   zwei Arten von Produkten,
   ein teueres Produkt A und ein billigeres Produkt B.
   Es konnte insgesamt
   kein zufriedenstellendes Betriebsergebnis erzielt werden.

   Was wird nun bei der »Lokalisierung der Ergebnisquellen«
   als nächstes interessieren?

   ....

2.

◯

⊗   Abgrenzungsrechnung

3.

$\underline{+\,3'}$ Betriebsergebnis

$\underline{\%\,2'}$ Neutrales Ergebnis (negatives Ergebnis)

$\underline{+\,1'}$ Ergebnis vor Steuer

4.

◯

◯

⊗   Wertverzehr, der
der normalen betrieblichen Leistungserstellung dient

5.

Welches der **Produkte** das Ergebnis negativ beeinflußt hat
(= Stückergebnis)

Die Grundsätze der Kostenrechnung

Bevor wir näher auf die Kostenrechnung eingehen,
ist es nötig, einige Grundsätze der Kostenrechnung kennenzulernen,
ohne deren Kenntnis manche Vorgehensweise nicht zu verstehen wäre.
In diesen Grundsätzen ist mehrfach
vom **Zweck der Kostenrechnung** die Rede.
Deshalb soll zunächst dieser Zweck
noch etwas deutlicher gemacht werden:
Die Kostenrechnung liefert Informationen
zur **Produkt-** und **Prozeßbeurteilung.**

Produktbeurteilung:
Im Geschäftsverlauf stellen sich immer wieder folgende Fragen:
- Reicht der vom Markt gegebene Preis aus,
  um die Kosten zu decken?   PREISBEURTEILUNG
- Wie hoch muß der Preis in einem Angebot
  gesetzt werden, damit er die Kosten deckt   PREISBILDUNG
  und Ergebnis bringt?
- Mit welchem Wert sind Erzeugnisse zu bewerten,   BEWERTUNG
  die im Lager und in der Werkstatt liegen?

Für die Beantwortung dieser Fragen
müssen die Kosten *je Leistungseinheit* ermittelt werden.
Eine Leistungseinheit kann sein:

- ein einzelnes Erzeugnis
- ein einzelner Auftrag
- eine einzelne Dienstleistung
  (z. B. Beförderung über 1 km)

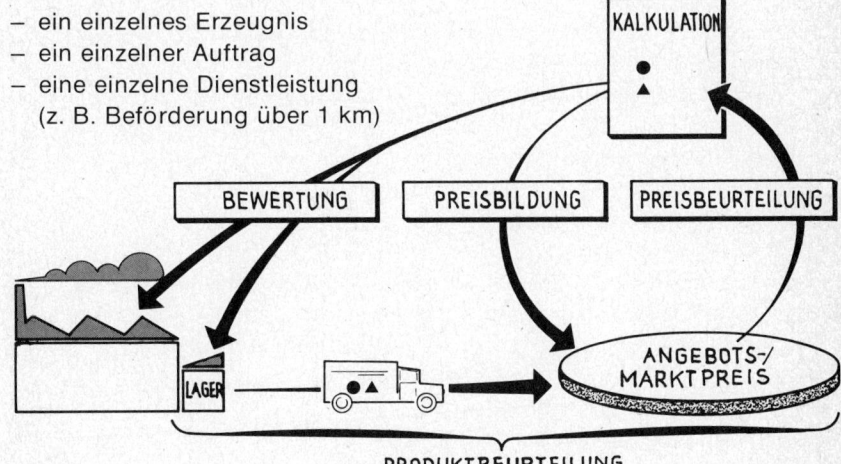

Prozeßbeurteilung:

Der Leistungsprozeß muß ständig daraufhin beobachtet werden,
ob Maßnahmen erforderlich werden,
die die Kostensituation verbessern.

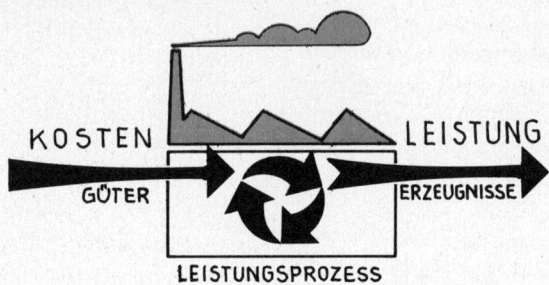

In einem Unternehmen können z. B. folgende Fragen auftreten:

– *Soll statt eines Einfachwerkzeuges (z. B. Stanzwerkzeug)
ein Mehrfachwerkzeug eingesetzt werden?*

– *Sollen bestimmte Teile selbst hergestellt
oder von Fremdfirmen bezogen werden?*

– *Soll ein anderes Fertigungsverfahren gewählt werden
(Nieten statt Schweißen)?*

– *Soll ein Brennofen von Öl auf Erdgas umgestellt werden?*

Wenn solche Fragen zur Entscheidung anstehen,
müssen die zur Auswahl stehenden Alternativen
auch unter dem Gesichtspunkt der Kosten bewertet werden.
Die Kosten der einzelnen Alternativen
werden einander gegenübergestellt.
So ist die Auswirkung der Entscheidung
auf die Kosten vorher erkennbar.

Während die Produktbeurteilung eine auf Dauer gestellte Aufgabe
und deshalb meist streng formalisiert ist (z. B. Kalkulationsschema),
werden die für die Prozeßbeurteilung erforderlichen Zahlen
speziell für die zu treffende Entscheidung
von Fall zu Fall gewonnen,
wobei meist nur ein grober Rahmen
für die Vorgehensweise vorgegeben werden kann.

Und nun zu einigen wichtigen
Grundsätzen der Kostenrechnung:

 Die Kostenrechnung ist zweckgerichtet.

Bei der Ermittlung und Zurechnung der Kosten
muß man sich stets bewußt sein, daß es darauf ankommt,
eine dem jeweiligen Zweck entsprechende Lösung anzustreben.

Wie fein man z. B. Kosten untergliedert,
wie genau man Kosten einer Kostenstelle zurechnet
und welches Kalkulationsverfahren angewandt wird,
hängt davon ab, wofür man die Zahlen verwenden will.

 **Wie bei allem Handeln in einem Unternehmen
muß auch bei der Kostenrechnung
stets die Wirtschaftlichkeit beachtet werden.**

Das Streben nach Genauigkeit stößt da an Grenzen,
wo der Aufwand (gemessen an der gewonnenen Erkenntnis)
zu groß wird.
Es wäre z. B. völlig unsinnig,
bei jedem Stromverbraucher einen Zähler anzubringen,
um die Kosten für jeden Verbraucher
ganz exakt bestimmen zu können.
Oder: Den Verbrauch an Büromaterial
könnte man ganz exakt erfassen
und den verbrauchenden Stellen genau zurechnen,
wenn jede Entnahme (Bleistift, Radiergummi)
schriftlich festgehalten werden würde.
Das könnte u. U. dazu führen,
daß man einen Angestellten eigens dafür beschäftigen müßte,
um diese Aufzeichnung zu führen.
Man würde dann vielleicht monatlich 2000,– DM aufwenden,
um die Kosten von 1000,– DM genau zu verrechnen.

Daß ein solches Vorgehen unsinnig wäre, liegt auf der Hand.
Es gibt jedoch häufig Situationen im Betrieb,
bei denen die Grenze zwischen unsinnigem und
vertretbarem Aufwand nicht so leicht zu finden ist.

Kosten sollen verursachungsgerecht erfaßt und zugerechnet werden.

Dieser Grundsatz findet seine Grenzen
in dem unter Grundsatz 2 erläuterten
Wirtschaftlichkeitsprinzip.

 Die Werte der Kostenrechnung sollen vergleichbar sein.

Vergleichbare Werte
als Grundlage für Kostenbeurteilung und Planung braucht man,
a) wenn man die Kosten eines Unternehmens
   zu verschiedenen Zeitpunkten miteinander vergleichen will.

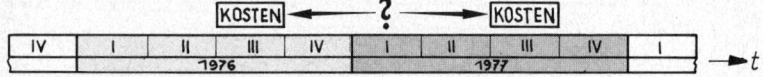

Bei diesem Vergleich
mißt sich das Unternehmen an sich selbst.
Kostenveränderungen
sind wichtige Ansatzpunkte für Kostenanalysen.
b) wenn man die Kosten mit anderen Organisationseinheiten
   innerhalb des Unternehmens
   oder mit Konkurrenzbetrieben vergleichen will.

Schlußfolgerungen sind in diesen Fällen nur brauchbar,
wenn vergleichbare Zahlen verwendet werden.
Ein Kalkulationsvergleich ist z. B. sinnlos,
wenn die Kosteninhalte von Jahr zu Jahr
oder von Betrieb zu Betrieb anders sind, wenn beispielsweise
die Erfolgsbeteiligung einmal im Lohn enthalten ist
und einmal unter »sozialer Leistung« ausgewiesen wird.
Diese Vergleiche braucht man,
um die Kosten beurteilen zu können.
Es gibt keinen allgemeinen Maßstab,
an dem man die Kosten messen könnte.

5. Die Kostenrechnung wird von betriebswirtschaftlichen Überlegungen bestimmt.

D. h.: Erfaßt und berücksichtigt
wird der tatsächliche Wertverzehr,
wie er sich aus dem *betrieblichen Leistungsprozeß* ergibt.
Steuerliche, bilanz- und finanzpolitische Gesichtspunkte,
die ebenfalls in die Gewinn- und Verlustrechnung einwirken,
müssen außer acht bleiben.

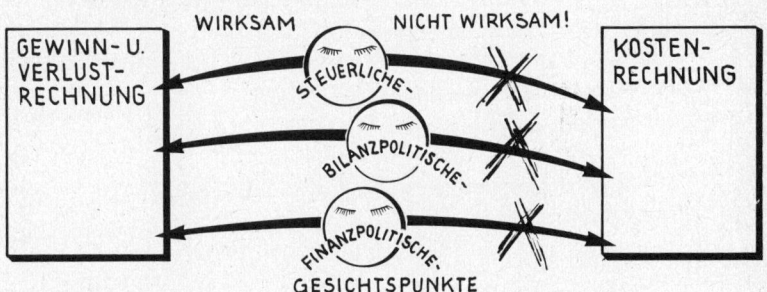

Die Steuergesetzgebung läßt in besonderen Fällen
(z. B. Umweltschutz)
hohe Sonderabschreibungen auf neue Anlagen zu;
diese Abschreibungen
haben mit dem tatsächlichen Wertverzehr nichts zu tun.
Es wäre falsch,
diese Werte in die Kostenrechnung zu übernehmen
und darauf aufbauend die Wirtschaftlichkeit der Fertigung
oder den Preis eines Produkts zu beurteilen.

6. In der Kostenrechnung ist vom Normalfall auszugehen.

Einmalige Vorgänge sollen außer acht bleiben
oder normalisiert, d. h. geglättet werden,
damit die aus der Kostenrechnung gewonnenen Schlüsse
längerfristig gelten.
Beispielsweise werden einmalige Anlaufkosten
bei Einführung eines neuen Produkts
auf einen längeren Zeitraum verteilt.
Die Entscheidung, ob ein Produkt neu aufgenommen
oder aus dem Programm genommen wird,
darf nicht von Augenblicksereignissen belastet sein.

7. Es ist darauf zu achten,
daß Wertverzehr und Leistungserstellung
in derselben Periode dargestellt werden.

Häufig entsteht zwischen dem Zeitpunkt des Wertverzehrs
bzw. der Leistungserstellung
und dem Sichtbarwerden dieser Vorgänge
in den Zahlen der Buchhaltung eine *zeitliche Verschiebung*
(z. B. Arbeit während des 1. Monats, Abrechnung der Löhne
am 15. des 2. Monats, Verkauf der Leistung im 1. Monat).
In diesem Fall würden im 1. Monat keine Lohnkosten gezeigt,
die Leistung aber ausgewiesen werden.
Das Betriebsergebnis wäre falsch.
Es hätte ein geschätzter Betrag
vorweg in die Kosten eingestellt werden müssen,
damit die Kosten
der dazugehörenden Leistung gegenüberstehen.

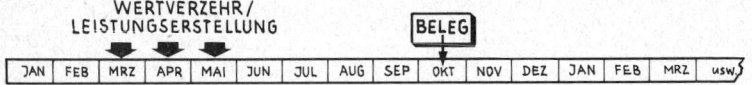

Kosten,
die nur ein- oder mehrmals über das Jahr verteilt anfallen
(z. B. Urlaubslöhne, Weihnachtsgratifikationen),
müssen bei der kurzfristigen Erfolgsrechnung
(bei monatlichen Abschlüssen, Quartalsabschlüssen)
über das Jahr hin in die Kosten verteilt werden
(= zeitliche Abgrenzung).
Wenn dies nicht geschieht,
wird während des Jahres
notwendigerweise eine Planabweichung entstehen,
wegen fehlender Kosten oder zu hoher Kosten,
die auch anteilig die restliche Zeit betreffen.
Es fehlen z. B. im ersten Quartal eines Kalenderjahres
sowohl die Masse der Urlaubslöhne
als auch die Weihnachtsvergütungen.

 **Die Kostenrechnung muß Zahlen liefern, die aktuell sind,
d. h. für den Zeitpunkt gelten, in dem sie verwendet werden.**

1. Der Zweck der Kostenrechnung ist es,
   Informationen
   zur Produkt- und Prozeßbeurteilung zu liefern.
   Ordnen Sie die folgenden Fragen und Probleme eines Unternehmens
   diesen Aufgabenstellungen der Kostenrechnung zu!

	Produkt-beurteilung	Prozeß-beurteilung
a) Soll eine automatische Prüfeinrichtung für die Endkontrolle angeschafft werden?	◯	◯
b) Reichen die Verkaufspreise noch aus, um die gestiegenen Lohnkosten zu decken?	◯	◯
c) Wie hoch ist der Wert der Erzeugnisse, die auf Lager liegen?	◯	◯
d) Ist es billiger, die Produkte von Hand verpacken zu lassen oder lohnt sich die Anschaffung einer Verpackungsmaschine?	◯	◯

2. Gegen welche der untenstehenden Grundsätze der Kostenrechnung
   verstoßen die folgenden Vorgehensweisen?

   Bei Herstellung eines LKW werden auch die für
   die Abdichtung der Ölablaßschraube einzusetzenden
   Dichtungsringe (Wert –,15 DM) einzeln mit
   Beleg bezogen und dem Auftrag zugerechnet.   ☐

   Bei einer Serie von 10 000 Produkten
   muß wegen eines Fertigungsfehlers
   eine teure Nachbesserung vorgenommen werden.
   Der Mehraufwand wird den Kosten zugerechnet.   ☐

   Verteilung der Arbeitgeberanteile der Sozial-
   versicherung nach Kopfzahlen   ☐

   Schreiben Sie den entsprechenden Buchstaben in die Kästchen!

   A Grundsatz der Wirtschaftlichkeit
   B Kosten sollen verursachungsgerecht erfaßt
   und zugerechnet werden
   C In der Kostenrechnung ist vom Normalfall auszugehen

1.

2.

A Der Aufwand lohnt sich bestimmt nicht.

C Solche außergewöhnlichen Vorgänge müssen zunächst den Kosten fern gehalten werden.

B Da sich die Sozialversicherungsbeiträge als %-Satz auf die Lohn-Gehaltssumme errechnen, ist hier die Verteilung im Verhältnis der Lohn-Gehaltssumme sicher verursachungsgerechter.

Übersicht über die Kostenrechnung

Die Kostenartenrechnung

Die Kostenartenrechnung*)
stellt den ersten Schritt der Kostenrechnung dar.
Ihr fällt die Aufgabe zu, sämtliche Kosten
nach einem festzulegenden Katalog von Kostenarten
zu **erfassen** und zu **ordnen.**

Der Kostenrechner erfaßt und katalogisiert den Verbrauchsprozeß
schon beim Ablauf des Wertverzehrs.

Er fragt zunächst
WAS, also welche Art von Gut,
wird verzehrt?
    Das können z. B. sein:
    Rohstoffe,
    Arbeitskraft,
    Betriebsmittel,
    Energie,
    Dienstleistung
    anderer Unternehmen
    (Transport).

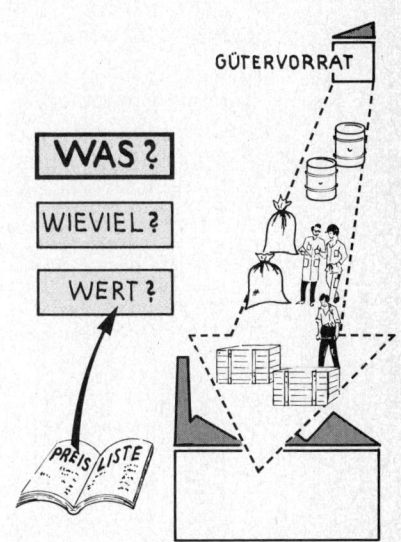

Danach interessiert ihn,
WIEVIEL,
also welche Menge von dem Gut
in einer bestimmten
Abrechnungsperiode
verzehrt wird

und schließlich natürlich,
welchen **WERT**
die verbrauchte Menge hat.

Aus MENGE x WERT ergibt sich der Kostenbetrag.

---

*) Die gängige Bezeichnung Kostenarten»rechnung«
   ist eigentlich nicht ganz zutreffend,
   da dabei weniger gerechnet
   als in systematischer Weise erfaßt und geordnet wird.

Mit der Unterscheidung der Kosten nach der Art der verzehrten Güter
ergibt sich eine Untergliederung der Kosten einer Periode
in **KOSTENARTEN.**

KOSTENARTENÜBERSICHT		PROD AG △	
	PLAN	JST	± %
MATERIALKOSTEN			
PERSONALKOSTEN			
– LÖHNE			
– GEHÄLTER z.B.	516.000	602.000	+16%
– SOZ.ABGABEN			
ENERGIEKOSTEN			
ABSCHREIBUNGEN			
JNSTANDHALTUNGEN			
– MASCHINEN			
– GEBÄUDE			
usw.			

In diesem Beispiel sind nur einige Kostenarten aufgeführt.
In der Praxis sind diese noch weiter unterteilt
und durch weitere ergänzt (mehr dazu auf den Seiten 59 ff.).

Aus einer Kostenartenübersicht
lassen sich schon eine Reihe von Erkenntnissen gewinnen.
Es lassen sich **Kostenabweichungen**
gegenüber vorangegangenen Perioden
oder gegenüber dem Plan ermitteln,
so daß sich Ansatzpunkte für weitere Untersuchungen ergeben,
die die Ursache der Abweichung klären.

Ein Beispiel: Im 1. Quartal wurde bei der PROD AG
eine erhebliche Kostensteigerung bei den Personalkosten festgestellt.
Mit Hilfe der Kostenartenrechnung kann untersucht werden,
ob Löhne, Gehälter oder soziale Abgaben oder andere Nebenkosten
gegenüber dem Vorjahr gleichmäßig gestiegen sind
oder ob eine dieser Kostenarten
besonders hohe Steigerungsraten aufweist.
Es lassen sich dann leichter die Gründe finden
(z. B. Lohnerhöhungen, Erhöhung der Beitragssätze,
andere Änderungen im Tarifvertrag oder in der Sozialgesetzgebung).

Die Frage aber,
wer für die Kostenabweichungen im einzelnen
verantwortlich zu machen ist, kann mit dem Instrument
der Kostenartenrechnung nicht vernünftig ermittelt werden.
Hier muß die **Kostenstellenrechnung** helfen.

Die Kostenstellenrechnung

Die Kostenstellenrechnung beschäftigt sich mit der Frage,
WO die Kosten, die in der Kostenartenrechnung ermittelt wurden,
entstanden sind.
Es muß also der Ort der Kostenentstehung gesucht werden.
Um diesen Ort genau bezeichnen zu können,
muß der Betrieb erst einmal in »Lokalitäten« aufgeteilt werden.
Das erreicht man durch Bildung von **KOSTENSTELLEN.**

Aufteilung des Betriebes
in Bereiche und Kostenstellen

Bevor im Betrieb
eine Feinunterteilung in Kostenstellen vorgenommen wird,
wird er zuerst in **Kostenbereiche** gegliedert.

Kostenbereiche können z. B. sein:

Diese Kostenbereiche können
weiter unterteilt werden
in Kostenstellen, z. B.:

Materialbereich ▶ *Einkauf, Lager*

Fertigungsbereich ▶ *Werkstatt, Konstruktion,*
Lohnbüro

Verwaltungsbereich ▶ *Buchhaltung, Kalkulation,*
Personalabteilung

Vertriebsbereich ▶ *Vertriebs-, Werbe-, Service-*
abteilung

Entwicklungsbereich ▶ *Grundlagenforschung,*
Produktentwicklung

KOSTENSTELLENÜBERSICHT								PROD AG △
KOSTENART	BEREICH I			BER. II		BEREICH III			SUMME
	K'ST 1	K'ST 2	K'ST 3	K'ST 4	K'ST 5	K'ST 6	K'ST 7	K'ST 8	

In diesem Beispiel wurde die Kostenstellenübersicht
sowohl nach **Kostenbereichen**
als auch nach **Kostenstellen** untergliedert.
Die Frage nach dem **WO** des Kostenanfalls je Kostenart
läßt sich so mit einem Blick übersehen.

Die Bildung von Kostenstellen
kann nach verschiedenen Gesichtspunkten erfolgen.

Es könnte jede Abteilung bzw. Gruppe eine Kostenstelle bilden
oder *gleichartige* Maschinen bzw. Tätigkeiten
zu einer Kostenstelle zusammengefaßt werden.
Eine andere Möglichkeit wäre,
räumlich zusammengelegte Fertigungswerkstätten
trotz verschiedenartiger Tätigkeiten
zu einer Kostenstelle zu machen (z. B. Vorfertigung).

Nach welchen Gesichtspunkten die Kostenstellen gebildet werden,
hängt von den jeweiligen betrieblichen Erfordernissen ab.
Es können sich auch mehrere Gesichtspunkte überlagern.

Das Problem besteht darin, die Kosten
derjenigen Kostenstelle zuzuordnen, die sie verursacht hat.

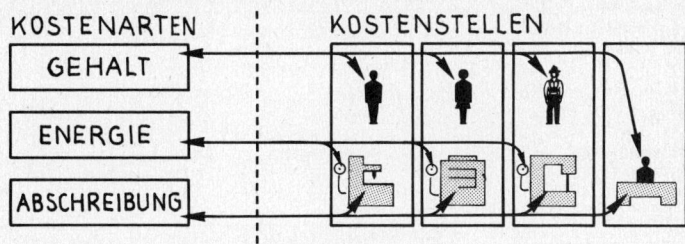

Die Verteilung der Kostenarten auf die Kostenstellen
erfolgt teils **direkt,** teils durch **Schlüsselung.**

Typische Beispiele für die Schlüsselung sind z. B.
die Verteilung der Stromkosten im Verhältnis der Anschlußwerte
(Verteilungsschlüssel sind die installierten kW)
oder der Heizungskosten im Verhältnis der genutzten Quadratmeter.

Sind alle angefallenen Kosten
auf die entsprechenden Kostenstellen aufgeteilt,
so ergibt sich je Kostenstelle eine Übersicht
nach Kostenarten.
Damit läßt sich durch einen Vergleich
der geplanten Kosten
je Kostenstelle
mit den
wirklich entstandenen Kosten

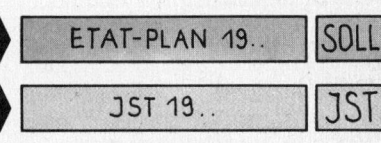

eine **Kontrolle** des Kostenanfalls erreichen und **neue Vorgaben** ermitteln.

Ein Beispiel:
Die Erhöhung der Gehaltssumme in Kostenstelle 051
von DM 152 000,– auf DM 160 000,–
kann vom Kostenstellenleiter genau erklärt werden.
Er kann errechnen, wieviel auf Tariferhöhung zurückgeht
und wieviel auf Umgruppierung
oder Veränderung der Zahl der Mitarbeiter zurückzuführen ist.

Über die Kostenstellenrechnung
lassen sich also die Kosten bis dahin verfolgen,
wo sie im einzelnen ausgelöst wurden
und wo sie verantwortet werden müssen.

Die Kostenträgerrechnung

Wenn es die Aufgabe des Betriebes ist, eine Leistung zu erstellen,
so wird letzten Endes natürlich am meisten interessieren,
wieviel Kosten die Erstellung einer Leistungseinheit verursacht.

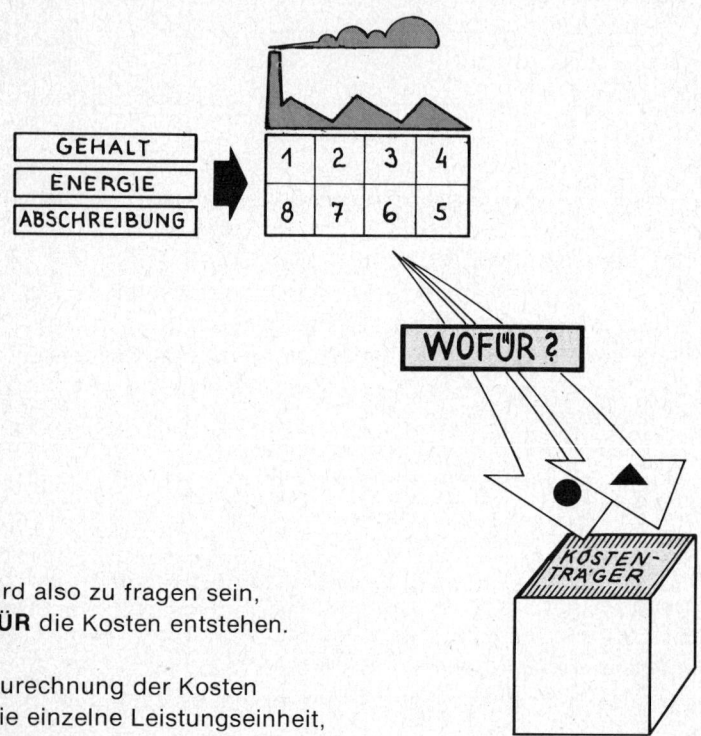

Es wird also zu fragen sein,
WOFÜR die Kosten entstehen.

Die Zurechnung der Kosten
auf die einzelne Leistungseinheit,
nämlich auf

– ein Produkt
– einen Auftrag
– eine Dienstleistung

bezeichnet man als **Kostenträgerrechnung**
oder auch als **Kalkulation.**

Die Zurechnung der Kosten auf die Kostenträger
kann auf zwei Arten erfolgen:

– **direkte Zuordnung:**
Bestimmte Kosten, von denen man von vornherein weiß,
für welche Kostenträger sie entstanden sind,
können dem entsprechenden Kostenträger *direkt* zugeordnet werden.
Sie werden als **Einzelkosten (EK)** bezeichnet,
weil sie einzeln zugerechnet werden.

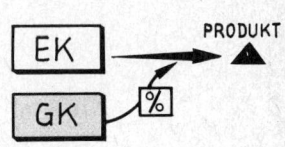

Typische Einzelkosten sind:
■ Fertigungsmaterial: Das benötigte Material pro Produkt
ist bereits in den Konstruktionsunterlagen
mengenmäßig festgelegt und in der Stückliste
genau aufgeführt (vgl. Stückliste PROD AG).
■ Fertigungslohn: Der Zeitaufwand für die Bearbeitung des
einzelnen Produkts und die zugehörige Lohngruppe stehen im Arbeitsplan
(vgl. Arbeitspläne der PROD AG).

– **indirekte Zuordnung:**
Die Kosten, die dem Kostenträger *nicht direkt* zugerechnet werden,
weil es gar nicht oder nicht
mit wirtschaftlich vertretbarem Aufwand möglich ist,
werden als **Gemeinkosten (GK)** bezeichnet (= allgemeine Kosten).
Sie können nur in einer Art »Huckepackverfahren«
über die Einzelkosten auf die Leistungseinheit verrechnet werden.

Die Verteilung der GK auf die
Kostenträger geschieht bei der
Mehrzahl der Betriebe durch
prozentuale Aufschläge auf die EK.

Typische Gemeinkosten sind:
■ Gehälter für die Verwaltung, Heizungskosten, Raumkosten usw.

Wenn das Unternehmen nur *eine* Art von Produkten erzeugt,
so ist die Zurechnung der Kosten auf die Kostenträger einfach.
Die Summe der gesamten Kosten durch die Summe der Leistungseinheiten
dividiert, ergibt die Kosten je Leistungseinheit.
Bei der Herstellung von sehr vielen verschiedenen Erzeugnissen
führt nur das komplizierte Verfahren der »Zuschlagskalkulation«
zu vernünftigen Stückkosten. Die wichtigsten Kalkulationsverfahren
werden noch ausführlich behandelt.

Hier noch einmal eine Kurzfassung
der 3 klassischen Gebiete der Kostenrechnung.

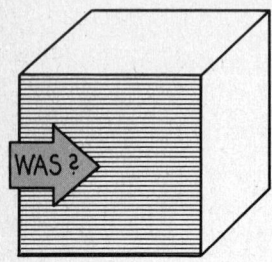

Der erste Schritt in der Kostenrechnung
besteht in der Klärung der Frage,
WAS und wieviel verzehrt wird und
welchen Wert das verzehrte Gut hat.
Die **Kostenartenrechnung**
gibt Aufschluß über die Summe
der Kosten in einer Periode
und deren Untergliederung.

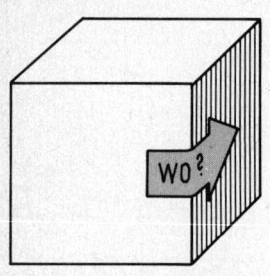

Die nächste Frage
beschäftigt sich damit,
WO die Kosten entstanden sind.
Die Kosten werden den Orten
ihrer Entstehung,
also den Kostenstellen zugerechnet,
von denen sie verursacht wurden.
Diese Zurechnung geschieht
in der **Kostenstellenrechnung.**

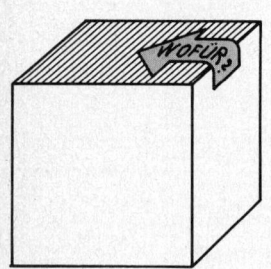

Schließlich interessiert noch,
WOFÜR die Kosten entstanden sind.
Es werden die Kosten den Kostenträgern,
also der jeweiligen Leistungseinheit,
zugerechnet.
Mit dieser Zurechnung
beschäftigt sich
die **Kostenträgerrechnung.**

Jedes dieser Gebiete der Kostenrechnung
wird in den folgenden Kapiteln im Detail behandelt.

1. Gemeinkosten sind Kosten,
   die der Leistungseinheit .... zugeordnet werden.
   Einzelkosten sind Kosten,
   die der Leistungseinheit .... zugeordnet werden.
2. Die folgenden Beispiele
   beschreiben je ein Gebiet der Kostenrechnung.
   Nennen Sie die drei Gebiete
   und ordnen Sie diese den Beispielen zu!

   Aufgliederung der Kosten nach Kostenarten
   z. B. Materialkosten
         Energiekosten
         Abschreibungen
         etc. ....

   Aufgliederung der Kosten nach Bereichen und Abteilungen
   z. B. Einkauf
         Lager
         Werkstätten
         Buchhaltung
         etc. ....

   Aufgliederung der Kosten auf Leistungseinheiten
   z. B. Produkt A
         Produkt B
         .
         .
         Produkt N ....

3. Bei der Kostenartenrechnung wird gefragt:

   .... wird verzehrt,

   .... wird verzehrt,

   welchen .... hat die verbrauchte Menge?

4. Welche Rechnung wenden Sie an,
   wenn Sie herausfinden wollen,
   durch welche Abteilungen des Unternehmens
   Kostensteigerungen verursacht wurden? ....

1. Gemeinkosten sind Kosten,
   die der Leistungseinheit **indirekt** zugeordnet werden.
   Einzelkosten sind Kosten,
   die der Leistungseinheit **direkt** zugeordnet werden.

2.
   Kostenartenrechnung

   Kostenstellenrechnung

   Kostenträgerrechnung

3. **Was** wird verzehrt,

   wieviel wird verzehrt,

   welchen **Wert** hat die verbrauchte Menge

4.
   Kostenstellenrechnung

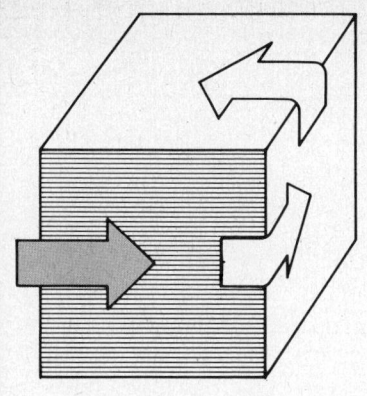

Modellbetrieb: PROD AG

Unternehmenserfolg und
Kostenrechnung

WAS wird verzehrt,
welche Kosten entstehen
– Kostenartenrechnung –

WO
entstehen die Kosten
– Kostenstellenrechnung –

WOFÜR
entstehen die Kosten
– Kostenträgerrechnung –

Praktisches Beispiel:
Kostenrechnung der PROD AG

Anhang

In diesem Abschnitt erfahren Sie,
wie die tatsächlich
angefallenen Kosten ermittelt,
gegliedert und dargestellt werden
und wie man diese IST-Kosten
mit Planwerten vergleichen kann.
Außerdem lernen Sie,
was man unter kalkulatorischen
Kosten versteht
und wie man im einzelnen
die Werte für kalkulatorische
Abschreibungen, Zinsen
und Wagnisse ermittelt.

Die Kostenartenrechnung im einzelnen

Die Grundkomponenten der Kosten
Die Erfassung und Ermittlung der Kosten
Die kalkulatorischen Kosten
      Kalkulatorische Abschreibungen
      Kalkulatorische Zinsen
      Kalkulatorische Wagnisse

Die Kostenartenrechnung im einzelnen

Die Arbeit der Kostenrechnung beginnt damit,
daß der betriebliche Wertverzehr eines Abrechnungszeitraumes
so erfaßt wird, wie er tatsächlich angefallen ist.
Diese tatsächlich angefallenen Kosten, die **Ist-Kosten,**
werden zunächst nach der
Art der verzehrten Güter und Dienstleistungen gegliedert
und in der Kostenartenrechnung dargestellt.

Die Ist-Kosten sind Ausgangspunkt für die **Kostenkontrolle.**
Vorgegebene bzw. geplante Kosten (Plankosten)
werden mit den Ist-Werten verglichen.
Die Abweichungen sind erste Ansatzpunkte für eine **Kostenanalyse,**
mit deren Hilfe die Ursachen dieser Abweichungen gesucht werden.

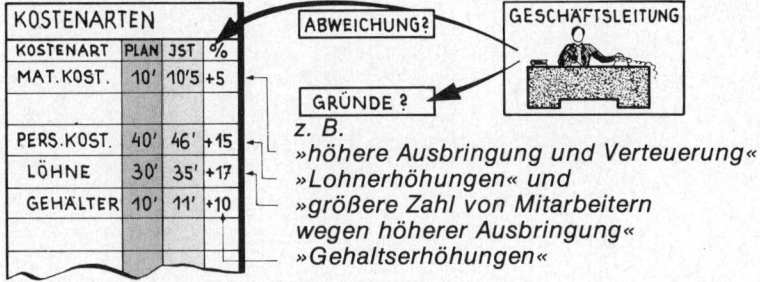

KOSTENARTEN

KOSTENART	PLAN	JST	%
MAT.KOST.	10'	10'5	+5
PERS.KOST.	40'	46'	+15
LÖHNE	30'	35'	+17
GEHÄLTER	10'	11'	+10

ABWEICHUNG?

GRÜNDE ?

GESCHÄFTSLEITUNG

z. B.
»höhere Ausbringung und Verteuerung«
»Lohnerhöhungen« und
»größere Zahl von Mitarbeitern
wegen höherer Ausbringung«
»Gehaltserhöhungen«

Die Ist-Werte bilden darüber hinaus
auch die Grundlage für die **Kostenplanung** der Folgeperioden;
sie sind die»Erfahrungswerte«, von denen man ausgeht
und die um neue Erkenntnisse und Vorstellungen
angereichert werden müssen, damit sie für die Zukunft gelten können.

Im Anhang auf Seite 235 ist die Kostenartenübersicht der PROD AG
abgebildet. Diese Übersicht kann Ihnen bei der Durcharbeit des
Kapitels Kostenartenrechnung als Orientierungshilfe dienen.

Die Grundkomponenten der Kosten

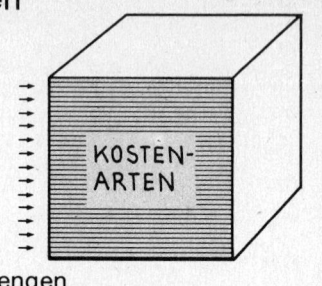

Bei der Planung und später
bei der Analyse der Kosten
ist es notwendig,
die Kosten in ihre
Grundkomponenten aufzulösen.
Grundkomponenten sind die verbrauchten Mengen
an Material und Dienstleistungen und deren Wert je Einheit.

ART des ver- brauchten Gutes	➡	verbrauchte MENGE	×	WERT je Einheit	=	Kostenbetrag

z. B. Stahlblech   *100 kg*   *x 0,50 DM/kg*   =   *50,– DM*
                                                           Materialverbrauch

Der Wert je Einheit
hängt u. a. ab von:

Beispiele:

dem »spezifischen
Wert«

*Flugkilometer sind
teurer als Bahnkilometer
Gold teurer als Silber*

dem Preisniveau

*Löhne sind in
Deutschland höher
als in Italien*

sonstige
Einflüsse

den Preisände-
rungen
– Verteuerungen
– Verbilligungen

*Lohnerhöhungen,
Preisschwankungen
bei Warenbörsen,
Verbilligung
durch Großeinkauf,
Wechsel des Lieferanten*

Die Art des Gutes ist nicht nur
für den »spezifischen« Wert je Einheit bestimmend,
sondern u. U. auch für die erforderliche Menge.

Beispiele:

Bei Verwendung von hochfestem Stahl
wird u. U. ein geringerer Querschnitt nötig sein
als bei herkömmlichem Stahl,
um einen bestimmten Zug oder Druck auszuhalten.

Bei Verwendung von Aluminium als elektrischem Leiter
muß ungefähr die doppelte Menge gegenüber Kupfer eingesetzt werden.

Das kg Aluminium kostet ca. 3,– DM,
der Preis für Elektrolytkupfer für Leitzwecke
schwankte in der Vergangenheit zwischen ca. 3,– DM bis 7,50 DM je kg.

Der spezifische Wert von Kupfer liegt also höher,
dafür braucht man eine geringere Menge.

Bei der Kostenplanung   *z. B.:*
ist demnach festzulegen:
– Art des verzehrten Gutes   *Facharbeiterstunde*
– Menge, die in dem Planungszeitraum
   davon eingesetzt werden soll   *20 000 Fert.-Std.*
– Wert je Einheit dieses Gutes
   (= Lohngruppe → Stundenlohn)   *10,– DM*
daraus ergeben sich die geplanten Kosten von   *200 000,– DM*

Wenn die geplanten Kosten eines Zeitraumes
den tatsächlich angefallenen Kosten (Ist-Kosten)
gegenübergestellt werden, läßt sich eine vernünftige **Erklärung**
der Abweichungen nur durch Auflösung der Kosten
in die Grundkomponenten finden.

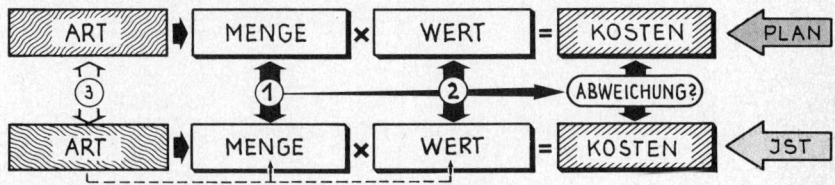

Die Ursache für einen Kostenunterschied
kann ausgelöst sein durch Abweichungen
① in der verbrauchten **MENGE** (quantitative Abweichung)
② im **WERT** je Einheit
③ in der **ART** des eingesetzten Gutes (qualitative Abweichung),
   was sich wieder auf Wert und Menge auswirken kann.

61

Der Kostenunterschied kann
in die verschiedenen Abweichungsursachen aufgeteilt werden,
indem die Veränderung schrittweise
von Komponente zu Komponente gehend vorgenommen wird.

Ein Beispiel:

Ein Betrieb hatte einen Materialverbrauch von   9 000,– DM *geplant*
Tatsächlich sind aber angefallen   11 000,– DM *Ist-K.*

                           Abweichung   + 2 000,– DM

Wodurch ist die Abweichung entstanden?

Zunächst wird die **Mengenabweichung** ermittelt:
1. Schritt: Veränderung nur bei der Menge

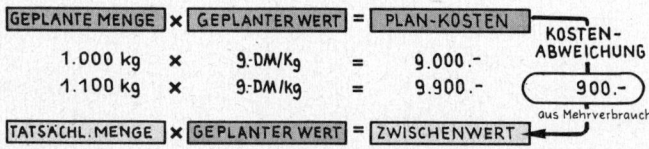

(Verkürzte Rechnung: Mehrverbrauch x geplanter Wert je Einheit)

Die Kosten hätten, wenn der Preis/kg unverändert geblieben wäre,
durch Mehrverbrauch um 900,– DM höher gelegen.
Nun hat sich aber auch der Preis je kg geändert.
Wieviel wird dadurch an Kostenunterschied verursacht?

Abweichung durch **Wertänderung:**
2. Schritt: Veränderung nur beim Wert

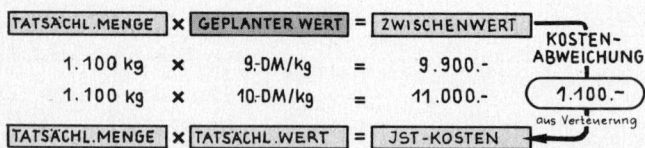

Die Kosten wären, wenn die Menge richtig geplant gewesen wäre,
alleine durch die Verteuerung um 1100,– DM höher gelegen.

Die Kostenüberschreitung gegenüber Plan von 2000,– DM
setzt sich demnach zusammen aus
        900,– DM durch Mengenabweichung (= Mehrverbrauch)
    1 100,– DM durch Wertabweichung   (= Verteuerung)

Es ist noch nicht zu erkennen, auf welche Vorgänge die Verteuerung zurückzuführen ist. Teuerer Einkauf oder bessere Qualität könnten die Ursache sein. Das müßte in einem weiteren Schritt durch Vergleich der geplanten und eingesetzten Qualitäten und der Preise vor und nach der Verteuerung geklärt werden. Die **Wirkung von Preiserhöhungen** wird ermittelt, indem gerechnet wird:

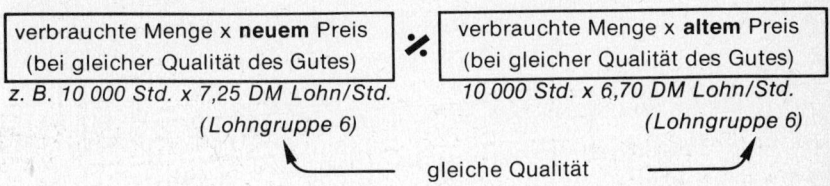

Die Kostensteigerung geht in diesem Fall auf eine Lohnerhöhung zurück.

Die Abweichung durch **Änderung der Art** des verzehrten Gutes wird ermittelt:

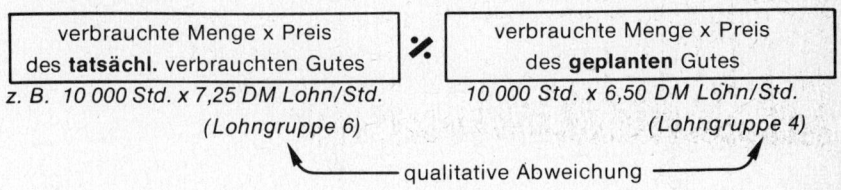

Hier wurde eine qualifiziertere Kraft als geplant eingesetzt, dadurch lagen die Kosten höher.

In gleicher Weise lassen sich auch Kostenentwicklungen von einem Ist-Wert zu einem anderen Ist-Wert (Vorjahr – Berichtsjahr) in einzelne Komponenten zerlegen.

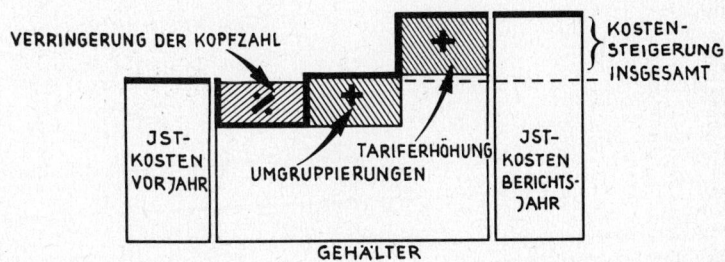

Angaben zu den nebenstehenden Fragen:

In der PROD AG waren im Vorjahr
für die Kostenstelle 203 folgende Gehaltskosten geplant:

Mitarbeiter	Monatsgehalt (Gruppe VII)	Gehalt/Jahr
1	x 2700,–	x 12 = 32 400,– DM

Effektiv angefallen sind aber lt. Abrechung   38 448,– DM

Kostenüberschreitung   + 6 048,– DM

Die effektiven Kosten errechneten sich:

1 Mitarbeiter   2754,– x 12 Monate (Tariferhöhung lag höher
                                             als geschätzt)

+ 1 Aushilfskraft   1800,– x 3 Monate

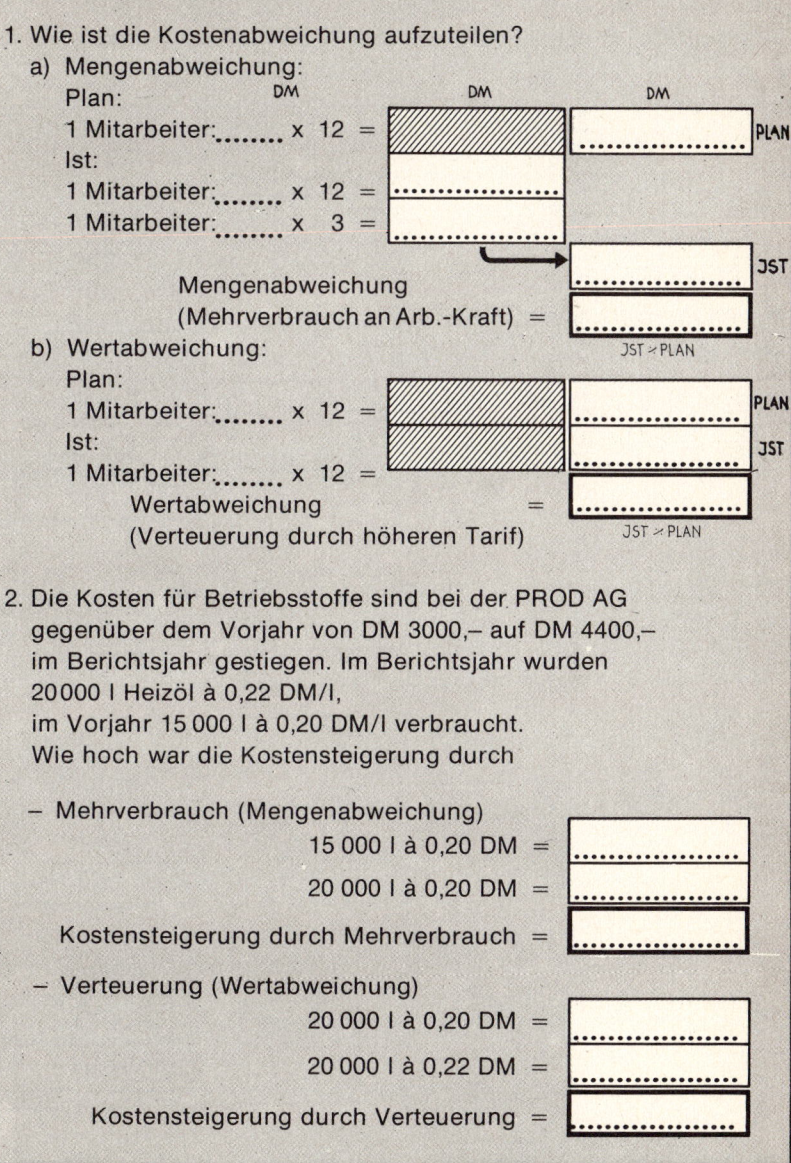

1. Wie ist die Kostenabweichung aufzuteilen?
   a) Mengenabweichung:
      Plan: DM   DM   DM
      1 Mitarbeiter: .... x 12 = ▨▨▨▨▨▨   .... PLAN
      Ist:
      1 Mitarbeiter: .... x 12 = ...
      1 Mitarbeiter: .... x 3 = ...
                                                                    .... JST
                      Mengenabweichung
                      (Mehrverbrauch an Arb.-Kraft) = ...
                                                             JST ≁ PLAN
   b) Wertabweichung:
      Plan:
      1 Mitarbeiter: .... x 12 = ▨▨▨▨▨▨   .... PLAN
      Ist:
      1 Mitarbeiter: .... x 12 = ▨▨▨▨▨▨   .... JST
                      Wertabweichung   = ...
                      (Verteuerung durch höheren Tarif)   JST ≁ PLAN

2. Die Kosten für Betriebsstoffe sind bei der PROD AG
   gegenüber dem Vorjahr von DM 3000,– auf DM 4400,–
   im Berichtsjahr gestiegen. Im Berichtsjahr wurden
   20 000 l Heizöl à 0,22 DM/l,
   im Vorjahr 15 000 l à 0,20 DM/l verbraucht.
   Wie hoch war die Kostensteigerung durch

   – Mehrverbrauch (Mengenabweichung)
                      15 000 l à 0,20 DM = ...
                      20 000 l à 0,20 DM = ...
      Kostensteigerung durch Mehrverbrauch = ...

   – Verteuerung (Wertabweichung)
                      20 000 l à 0,20 DM = ...
                      20 000 l à 0,22 DM = ...
      Kostensteigerung durch Verteuerung = ...

1.

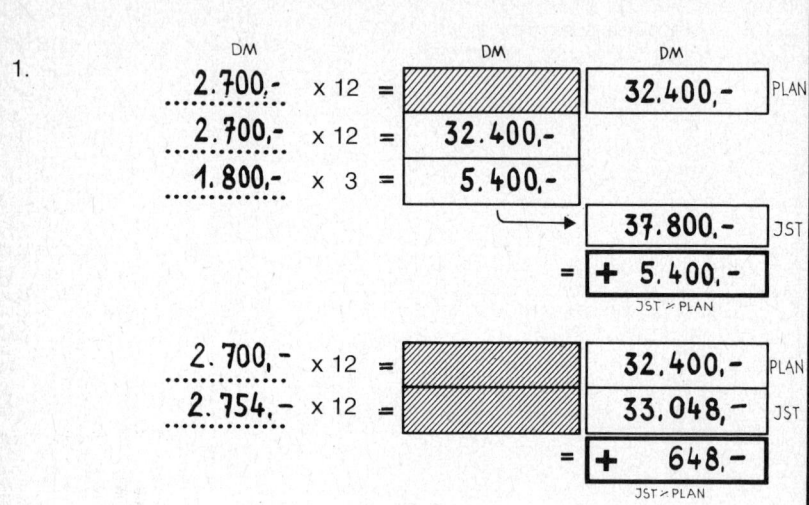

				DM	
DM			DM		
2.700,-	x 12 =			32.400,-	PLAN
2.700,-	x 12 =	32.400,-			
1.800,-	x 3 =	5.400,-			
		→		37.800,-	JST
		=		**+ 5.400,-**	
				JST ⊁ PLAN	

2.700,-	x 12 =		32.400,-	PLAN
2.754,-	x 12 =		33.048,-	JST
	=		**+ 648,-**	
			JST ⊁ PLAN	

2.

3.000,-
4.000,-
+ 1.000,-

4.000,-
4.400,-
+ 400,-

Die Erfassung und Ermittlung der Kosten

Bei der Planung und Analyse der Kosten ist es auch notwendig,
die **Art ihrer Erfassung** bzw. **ihrer Ermittlung** zu kennen.
Deshalb werden die Kostenarten
- **Materialkosten**
- **Personalkosten**
- **Energie-, Instandhaltungs- und sonstige Kosten**
- **Kalkulatorische Kosten**

unter diesem Gesichtspunkt näher betrachtet.

a) Materialkosten
Material aus den Lagern wird in der Regel
nur gegen Materialentnahmescheine ausgegeben.
Hierauf ist die Art des Materials und die abgegebene Menge vermerkt.

MENGE × EINSTANDSPREIS   ergibt den Wert

des verbrauchten Materials je Entnahmeschein.

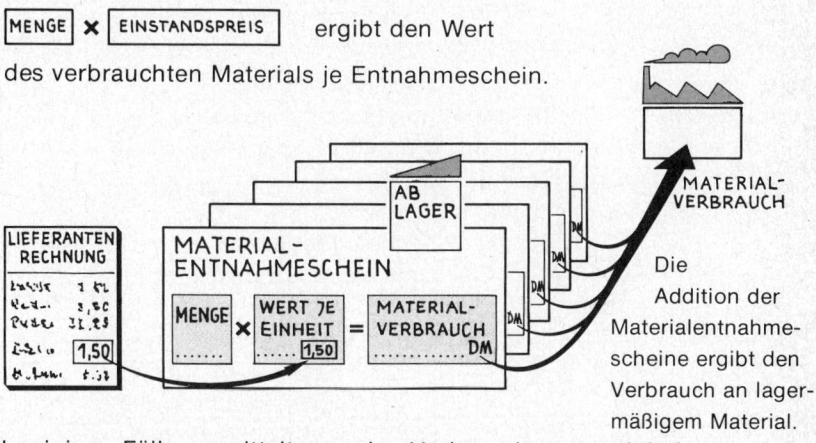

Die
Addition der
Materialentnahme-
scheine ergibt den
Verbrauch an lager-
mäßigem Material.

In einigen Fällen ermittelt man den Verbrauch etwas globaler.
Zu dem Anfangsbestand werden die Zugänge (Lieferungen) hinzugezählt.
Der durch Inventur ermittelte Endbestand wird davon abgezogen.
Die Differenz ergibt den Verbrauch (anzuwenden z. B.
bei Ermittlung des Verbrauchs von Heizkohle oder Heizöl;
hier wäre es umständlich, jede Entnahme festzuhalten).
Gerechnet wird also folgendermaßen:

Anfangsbestand + Zugang ./. Endbestand = Verbrauch

Bei Material, das nicht lagermäßig geführt wird
und deshalb vom Lieferanten direkt in die Fertigung geht,
wird der Rechnungsbetrag gleich als Materialverbrauch erfaßt.

67

Bei der Bewertung des Verbrauchs von lagermäßigem Material
ergeben sich Probleme,
wenn zu *unterschiedlichen Einstandspreisen* geliefert wurde.
Es gibt in der Praxis verschiedene Bewertungsmethoden,
die man in diesem Fall anwenden kann.
Man rechnet z. B. entweder mit

■ Durchschnittspreisen (gewogener Durchschnitt) oder mit
■ Verrechnungspreisen (Preisspitzen werden ausgebucht) oder
man unterstellt bestimmte Verbrauchsfolgen, z. B.
– das zuerst Gekaufte gilt als zuerst verbraucht (first in – first out),
– das zuletzt Gekaufte gilt als zuerst verbraucht (last in – first out).
Je nach Wahl der Bewertungsmethode ergeben sich im Einzelfall
unterschiedliche Werte für die Materialentnahme.
Kostenverläufe beim Materialverbrauch sind also auch
von der angewandten Bewertungsmethode abhängig.

b) Personalkosten

Die Personalkosten ergeben sich
aus der monatlichen Lohn- und Gehaltsabrechnung.

Zeitlohn   = bezahlte Stunden x Stundenlohn
Leistungslohn = Vorgabe-Minuten x Minutenfaktor
Gehälter   = Monatsbeträge liegen fest

Ein besonderes Gewicht haben inzwischen
die darüber hinaus anfallenden Personalnebenkosten erhalten.
Sie betrugen 1976 rund 62 % der Lohn- bzw. Gehaltssumme
(1966 waren es nur 43,4 %).
Sie verteilten sich auf folgende Gruppen von Nebenkosten:

Gesetzliche Personalnebenkosten 1976	
Arbeitgeberanteil bei Soz. Versicherungsbeitr.	18,40 %
Bezahlte Feiertage	4,30 %
Entgeltfortzahlung bei Krankheit	8,10 %
Summe	30,80 %

Tarifliche und sonstige Personalnebenkosten	
Urlaub	13,30 %
Gratifikationen u. a.	6,90 %
Betriebliche Altersversorgung	2,80 %
Vermögensbildung	2,40 %
Übriges	5,80 %
Summe	31,20 %

Quelle: Globus-Kartendienst, 17. 1. 1977.

Gehalts- und Lohnerhöhungen wirken sich demnach
nicht nur in ihrer Kostenart aus, sondern mit 62 % der Erhöhung
auch in den Nebenkosten wie Sozialabgaben
und sonstige Aufwendungen.

c) Energie-, Instandhaltungs-, sonstige Kosten (wie Steuern, Gebühren)

Diese Kosten entstehen durch Lieferung bzw. Leistung Dritter.
Hierfür liegen Rechnungen oder Kassen-Ausgabebelege vor.
Erfassung und Zuordnung dieser Kosten
stellen keine besonderen Probleme dar.

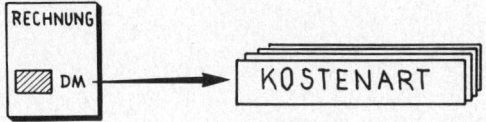

Am Jahresende kann es nötig sein, noch nicht vorliegende Rechnungen
vorweg mit geschätzten Beträgen in die Kosten zu nehmen,
wenn die Leistung durch den Lieferanten bereits erbracht worden ist
(siehe Grundsätze der Kostenrechnung: »Periodengerechte Zuordnung«!)

d) Kalkulatorische Kosten

Da die kalkulatorischen Kosten komplizierter zu ermitteln
und entsprechend umfangreicher zu beschreiben sind,
ist das nächste Kapitel ausschließlich dieser Kostenart gewidmet.

Kostenerfassung und Ermittlung   Fragen zu 67–69

---

1. In einem Unternehmen
   werden nur zwei Arten von Kunststoffen verarbeitet.
   Für »Kunststoff A«
   mußte ein Einstandspreis von DM 10,– pro kg bezahlt werden,
   für »Kunststoff B« 15,– DM/kg.
   Errechnen Sie den Gesamtbetrag für die Kostenart »Materialkosten«
   wenn die Auswertung der Materialscheine für das Geschäftsjahr
   einen Verbrauch von 20 000 kg Kunststoff A
   und 100 000 kg Kunststoff B ergab!
   Gesamtbetrag
   der Kostenart Materialverbrauch = ... DM
2. Ein Betrieb hatte zum Jahresbeginn 10 000 l Öl gelagert.
   50 000 l wurden während des Jahres gekauft.
   Bei der Inventur am Jahresende stellte man
   einen Bestand von 20 000 l fest.
   Wie hoch war der Verbrauch?   l

1.

$$1'700.000,-$$

$$20.000 \times 10.- = 200.000.-$$
$$100.000 \times 15.- = 1'500.000.-$$

Sie können sich sicher vorstellen, daß schon die Erfassung dieser einen Kostenart in einem Unternehmen, das vielleicht hunderte von verschiedenen Materialarten verarbeitet, recht aufwendig ist und heute in der Regel oft nur noch mit den Mitteln der EDV gelöst werden kann.

2. $40.000 \, \ell$

$$10.000 + 50.000 - 20.000$$

Die kalkulatorischen Kosten

Nach den bereits beschriebenen Grundsätzen
kommt es in der Kostenrechnung darauf an,
– den **tatsächlichen Wertverzehr** darzustellen und
– **außergewöhnliche Bewegungen** zu glätten.
Will man die Kostenrechnung z. B. zur Preisfindung verwenden,
so muß man dafür sorgen, daß nicht außerordentliche Vorgänge
oder betriebsfremde Überlegungen (finanzpolitische,
bilanzpolitische, steuerliche) das Zahlenwerk beeinflussen.

Aufwendungen, die stark von solchen Einflüssen geprägt werden,
können nicht direkt in die Kostenrechnung übernommen werden.
Sie müssen unter betriebswirtschaftlichen Gesichtspunkten
umgeformt werden.
Aufwendungen, die üblicherweise umgeformt werden, sind:

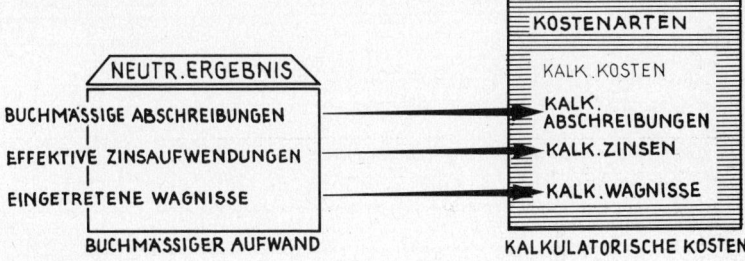

Ein Beispiel:
Eine Schreibmaschine hat einen Anschaffungswert von DM 760,–.
Sie kann buchmäßig in einem Jahr abgeschrieben werden.
Der zu verbuchende Abschreibungsbetrag lautet dann 760,–.
Tatsächlich kann die Maschine aber sehr viel länger als nur ein Jahr
genutzt werden. Man schätzt die tatsächliche Nutzungsdauer
und errechnet dann die kalkulatorischen Abschreibungsbeträge.
Angenommen, die Schreibmaschine solle 10 Jahre genutzt werden,
so errechnet sich ein jährlicher Abschreibungsbetrag von DM 76,–.

Die in der Geschäftsbuchhaltung wirkenden
buchmäßigen Aufwendungen werden im *Neutralen Ergebnis* aufgefangen.
Von dort werden sie in den für die Kostenrechnung
verwendbaren Beträgen, als **kalkulatorische Kosten,**
in die *Betriebsergebnisrechnung* übergerechnet.
Gleichzeitig entlasten sie als **verrechnete kalkulatorische Kosten**
das Neutrale Ergebnis.

Da in der **Gewinn- und Verlustrechnung**
beide Teilergebnisse (Betriebsergebnis und Neutrales Ergebnis)
zusammengefaßt werden, heben sich dort die kalkulatorischen Kosten auf
und nur die buchmäßigen Aufwendungen wirken im Gesamtergebnis.

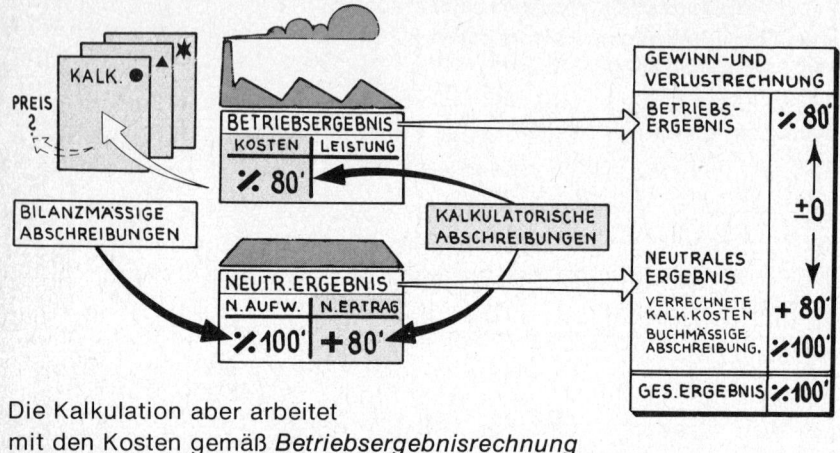

Die Kalkulation aber arbeitet
mit den Kosten gemäß *Betriebsergebnisrechnung*
und somit mit den »richtigen« Werten.

Neben der Umformung von Aufwendungen müssen in besonderen Fällen
kalkulatorische Kosten angesetzt werden,
obgleich buchmäßig *überhaupt kein Aufwand* entsteht;
das ist z. B. beim *kalkulatorischen Unternehmerlohn* der Fall.

Bei Einzelunternehmen oder Personengesellschaften arbeiten häufig
die Inhaber in der Geschäftsführung mit.
Sie werden als Anteilseigner mit dem Gewinn entlohnt.
Die Arbeitsleistung stellt aber einen »Wertverzehr« dar,
der – wenn die Kostenrechnung vollständig sein soll –
in den Kosten dargestellt werden muß.
Das Gehalt eines vergleichbaren Angestellten
wird als »kalkulatorischer Unternehmerlohn« in die Kosten verrechnet.
Damit sind die Unternehmungen kostenmäßig vergleichbar geworden.

Sinn der Verrechnung von kalkulatorischen Kosten ist es,
die betrieblichen Entscheidungen (z. B. Preisbildung) auf einem
betriebswirtschaftlich fundierten Zahlenwerk aufzubauen
und sie nicht durch außergewöhnliche
und betriebsfremde Überlegungen und Einflüsse zu verfälschen.

1. Belasten die kalkulatorischen Kosten
   das Betriebsergebnis oder das Neutrale Ergebnis?

   Betriebsergebnis ◯

   Neutrales Ergebnis ◯

2. Zu welchen Kosten
   werden die folgenden Aufwandsarten umgeformt?

   buchmäßige Abschreibungen ➤ ....

   Zinsaufwendungen ➤ ....

   Eingetretene Wagnisse ➤ ....

3. Tragen Sie den buchmäßigen Aufwand
   und die kalkulatorischen Kosten
   in das Betriebsergebnis bzw. das Neutrale Ergebnis ein
   und fassen Sie die beiden Rechnungswerke
   im Gesamtergebnis zusammen!

   buchmäßiger Aufwand = 60' Mio.
   kalkulatorische Kosten = 70' Mio.

BETRIEBSERGEBNIS	
KOSTEN	LEISTUNG
....	....

NEUTRALES ERGEBNIS	
N. AUFWAND	N. ERTRAG
....	....

GESAMTERGEBNIS
....

4. Welchen Sinn hat die Verrechnung von kalkulatorischen Kosten?

   betriebliche Entscheidungen sind auf einem
   betriebswirtschaftlich fundierten Zahlenwerk aufzubauen ◯

   betriebliche Entscheidungen dürfen nicht
   durch außergewöhnliche und betriebsfremde
   Überlegungen und Einflüsse verfälscht werden ◯

73

1. Die kalkulatorischen Kosten belasten das

 Betriebsergebnis

2.

buchmäßige Abschreibungen	**kalkulatorische Abschreibungen**
Zinsaufwendungen	**kalkulatorische Zinsen**
Eingetretene Wagnisse	**kalkulatorische Wagnisse**

3.

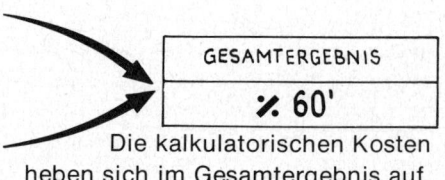

Die kalkulatorischen Kosten heben sich im Gesamtergebnis auf.

4.

 betriebliche Entscheidungen sind auf einem betriebswirtschaftlich fundierten Zahlenwerk aufzubauen

 betriebliche Entscheidungen dürfen nicht durch außergewöhnliche und betriebsfremde Überlegungen und Einflüsse verfälscht werden

Kalkulatorische Abschreibungen

Gebäude, Maschinen, maschinelle Anlagen usw. (= Sachanlagen)
verlieren an Wert,

- durch den Zeitablauf (technische Veralterung, wirtschaftliche
  Veralterung durch Auslaufen des Produkts
  oder sonstige Veränderung auf dem
  Absatzmarkt)
- durch technische Abnutzung.

Den Wertverlust kann man nicht direkt erkennen.
Er zeigt sich dann,
wenn das Anlagegut nach einer gewissen Zeit verkauft werden soll
oder wenn es technisch verbraucht ist.

Der Wert kann auf den Schrotterlös abgesunken sein.
Der **Wertverzehr** (Wertverlust) bei den
im Leistungsprozeß eingesetzten Anlagen
muß in der Kostenrechnung berücksichtigt werden.
Da er sich nicht sichtbar vollzieht, muß er *errechnet* werden.

Die in der Buchhaltung ermittelten
»buchmäßigen« oder »bilanzmäßigen« Abschreibungen
sind für die Kostenrechnung nicht zu verwenden,
weil sie von steuer- und handelsrechtlichen Vorschriften
bestimmt werden und nicht den tatsächlichen,
betriebswirtschaftlich orientierten Wertverzehr darstellen.

Bei der Errechnung des Wertverzehrs muß man davon ausgehen,
daß der Wert eines Anlagegegenstandes vom Zeitpunkt
der Anschaffung bis zum Ende der wirtschaftlichen Nutzung
bis auf den Schrotterlös absinkt.

Da der Schrotterlös im Verhältnis zum Gesamtwert unerheblich ist
und außerdem nur sehr schwer richtig geschätzt werden kann,
wird er in der Regel vernachlässigt.
Es läßt sich dann sagen:
Der Wert sinkt während der **wirtschaftlichen Nutzungsdauer**
von 100 % auf 0 % ab.

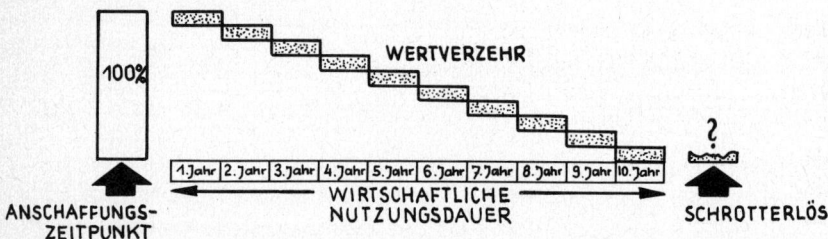

Dieser Gesamtwertverzehr muß
auf die einzelnen Abrechnungsperioden (z. B. Jahre) verteilt werden.
Hierbei sind verschiedene Abschreibungsmethoden möglich.

In der Kostenrechnung
wird überwiegend die Methode der **Linearen Abschreibung** gewählt,
weil sie den Prinzipien der Kostenrechnung am meisten entspricht
(Prinzip der Gleichmäßigkeit, Stetigkeit, Vergleichbarkeit).

Lineare Abschreibung:

Der während der ganzen Nutzungsdauer eingetretene Wertverzehr
wird in *gleich hohen Beträgen* über die Zeit verteilt.
Wesentlich für die Ermittlung
der kalkulatorischen Abschreibung ist dabei,
daß man von der **tatsächlich erwarteten
wirtschaftlichen Nutzungsdauer** ausgeht.
Die wirtschaftliche Nutzungsdauer muß,
da sie nicht von vornherein bekannt ist,
aufgrund von Erfahrungswerten geschätzt werden.

Technische Lebensdauer und wirtschaftliche Nutzungsdauer
müssen sich nicht decken.
Wenn z. B. eine Spezialanlage errichtet wird,
um für 5 Jahre ein bestimmtes Produkt herzustellen,
dann ist es durchaus möglich,
daß nach 5 Jahren die Anlage technisch noch voll leistungsfähig ist,
aber nicht mehr genutzt werden kann,
weil inzwischen das damit gefertigte Produkt veraltet ist
und durch ein anderes ersetzt wird.
Die Anlage ist dann wirtschaftlich wertlos geworden, d. h.
sie hat während der wirtschaftlichen Nutzung ihren Wert voll verloren.

Die jährliche Abschreibung errechnet sich folgendermaßen:

$$\frac{\text{Wert der Anlage}}{\text{wirtsch. Nutzungsdauer in Jahren}} = \text{jährlicher Abschreibungsbetrag}$$

Ein Beispiel:
Bei einem Wert einer Anlage von 20 000,– DM
und einer Nutzungsdauer von 4 Jahren ergeben sich folgende
kalkulatorische Abschreibungen pro Jahr:

$$\frac{20\,000,-}{4\ \textit{Jahre}} = 5\,000,- \textit{ DM kalk. Abschreibung}$$

Dieses Ergebnis läßt sich auch erzielen,
indem ein %-Satz ermittelt wird,
der – auf den Anfangswert der Anlage angewandt –
den jährlichen Abschreibungsbetrag ergibt.

Der Abschreibungs-Prozentsatz errechnet sich:

$$\frac{100\,\%}{\text{wirtschaftl. Nutzungsdauer in Jahren}} = \begin{array}{l}\textbf{Abschreibungsprozentsatz}\\\textbf{(bei Abschreibung}\\\textbf{vom Anfangswert)}\end{array}$$

z. B.: $\dfrac{100\,\%}{4\ Jahre} = 25\,\%$ *Bei einem Wert von 20 000,– DM und einem Abschreibungsprozentsatz von 25 % ergibt sich eine jährliche Abschreibung von DM 5 000,–.*

Den nach Abzug der kalkulatorischen Abschreibung verbleibenden Rest nennt man den **kalkulatorischen Restwert.**

Anfangswert ./. kalkulatorische Abschreibung = kalk. Restwert

Der kalkulatorische Restwert einer linear abgeschriebenen Anlage sinkt jährlich gleichmäßig
um den kalkulatorischen Abschreibungsbetrag.
Der Abschreibungsbetrag ist bei dieser Bewertungsmethode
stets der gleiche (= linear).

Lineare Abschreibung

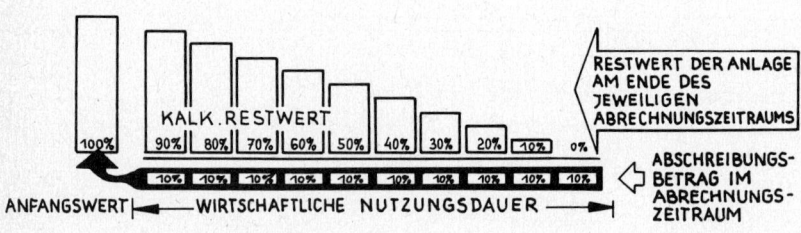

Die Verrechnung der kalkulatorischen Abschreibungen
wird in folgender Weise vorgenommen:

1. Die kalkulatorischen Abschreibungen
   belasten als Kosten das *Betriebsergebnis.*

2. Sie **entlasten** jedoch in gleicher Höhe
   als »verrechnete kalkulatorische Abschreibungen«
   das *Neutrale Ergebnis.*

3. Die buchmäßigen Abschreibungen,
   die nach handels- und steuerrechtlichen Gesichtspunkten
   gebildet wurden, belasten als Aufwand das *Neutrale Ergebnis.*

Bei der Zusammenfassung von Betriebsergebnis und Neutralem Ergebnis
in der *Gewinn- und Verlustrechnung*
heben sich die kalkulatorischen Abschreibungen auf,
die bilanzmäßigen Abschreibungen wirken in voller Höhe
auf das Gesamtergebnis.

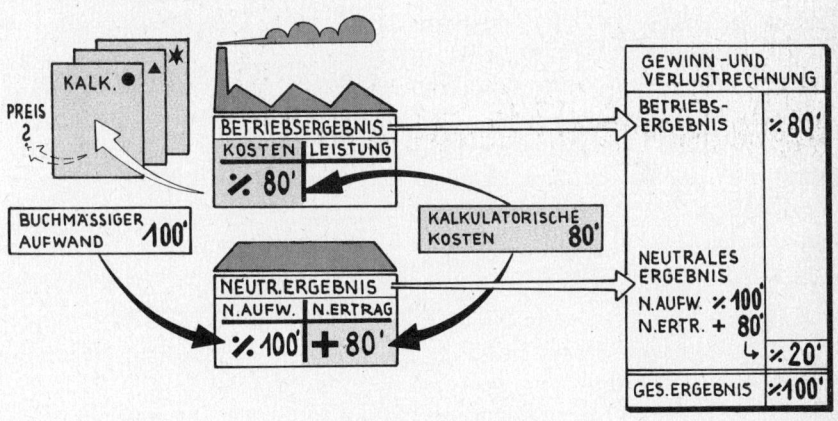

Bisher wurde bei der Frage,
welchen Wert man zur Berechnung der kalkulatorischen Abschreibungen
zugrunde legen soll, nur vom »Anfangswert« gesprochen.
Es gibt jedoch zwei Möglichkeiten für die Abschreibungsbasis:

1. | Anschaffungswert | = historischer Wert
zum Zeitpunkt der Anschaffung
2. | Wiederbeschaffungswert | = Wert, den das Anlagegut bei Anschaffung
im gegenwärtigen Zeitpunkt oder
in der Zukunft hat.

In Zeiten steigender Preise ist es richtiger,
vom Wiederbeschaffungswert auszugehen,
denn Ziel des Unternehmens muß es sein,
über die Erlöse so viel erstattet zu bekommen,
daß eine verbrauchte Anlage
wieder durch eine neue ersetzt werden kann.
Man spricht hierbei von Substanzerhaltung.

Ein Beispiel:
Für eine Maschine, die 100 000,– DM bei der Anschaffung gekostet hat,
würde bei 10jähriger Nutzungsdauer und kalk. Abschreibung
vom Anschaffungswert (10%)
nach 10 Jahren ein Wertverzehr von 100 000,–
in die Kosten verrechnet sein. Der Ersatz der Maschine wird dann
aber vielleicht 150 000,– kosten, d. h. über die Erlöse
sind nicht genügend Mittel gefordert worden, um die Maschine
zu ersetzen. Im Betriebsergebnis wurde durch zu niedrige
kalk. Abschreibungen insgesamt ein »Scheingewinn«
von 50 000,– ausgewiesen.

Bei der Abschreibung vom Wiederbeschaffungswert
liegt das Problem in der Ermittlung des Wiederbeschaffungswertes.
Das gilt insbesondere,
wenn der Zeitpunkt der Wiederbeschaffung in weiter Ferne liegt.
Die Festlegung des Wiederbeschaffungswertes
zum **Gegenwartszeitpunkt** (= Zeitpunkt der Errechnung
der jährlichen Abschreibung) ist aber möglich.
Sie kann durch Hochrechnen des Anschaffungswertes
anhand *veröffentlichter Preisindices* vorgenommen werden.
Das Statistische Bundesamt veröffentlicht jährlich Preisindices
für einzelne Gütergruppen.
Der Ausschnitt auf der nächsten Seite zeigt eine solche Index-Tabelle.

		1968	1969	1970	1971	1972	1973	1974
Maschinenbauerzeugnisse	81,70	87,3	91,5	100	108,4	113,0	119,2	131,2
darunter:								
Gewerbliche Arbeitsmaschinen	49,30	86,0	90,6	100	109,2	114,3	121,2	133,4
darunter:								
Metallbearbeitungsmaschinen der spanabhebenden Formung	6,32	83,2	89,4	100	111,4	116,1	123,0	136,2
darunter:								
Drehbänke	1,00	82,5	88,8	100	112,4	118,6	125,9	142,4
Revolverdrehbänke und Drehautomaten	1,15	82,7	89,4	100	109,7	114,6	122,3	135,5
Bohrmaschinen	0,60	80,5	88,4	100	110,2	110,4	119,2	133,3
Fräsmaschinen	1,20	84,5	89,1	100	112,2	117,3	123,8	135,2
Schleifmaschinen	1,45	84,0	90,7	100	112,2	116,6	121,6	133,2
Metallbearbeitungsmaschinen der spanlosen Formung	2,86	82,8	88,0	100	110,7	116,5	123,9	138,0
darunter:								
Pressen mit mechanischem Antrieb	0,85	79,9	86,6	100	111,4	116,6	124,0	135,0
Pressen mit hydraulischem Antrieb	0,45	86,7	89,5	100	110,9	116,7	122,5	135,7
Blechbearbeitungsmaschinen	0,53	83,4	88,0	100	109,1	116,4	123,3	138,9
Drahtbe- und -verarbeitungsmaschinen	0,56	84,5	89,1	100	110,6	115,6	123,8	138,2
Industrieöfen	0,58	85,0	89,4	100	110,5	116,7	124,7	141,2
Gießereimaschinen	0,46	78,9	86,3	100	110,4	115,4	122,5	134,9
Prüfmaschinen	0,42	86,8	91,6	100	106,3	111,4	116,9	131,6
Holzbe- und -verarbeitungsmaschinen	1,84	86,1	90,9	100	107,7	112,1	119,0	132,1
dar.: Hobel- und Fräsmaschinen	0,21	86,7	92,1	100	107,1	111,5	120,2	135,7
Flüssigkeitspumpen	2,51	86,4	90,1	100	109,4	114,3	120,9	134,2
Maschinen für die Bauwirtschaft	5,08	87,9	92,4	100	106,4	110,1	115,1	123,1

Quelle: Statist. Jahrbuch f. d. BRD 1975.

Ein Beispiel: *Der Preisindex für Bohrmaschinen*
lag 1968 bei 80,5 und 1974 bei 133,3.

1968 = 80,5
1969 = 88,4
1970 = 100
1971 = 110,2   **+66%**
1972 = 110,4
1973 = 119,2
1974 = 133,3

Für Maschinen, die im Jahr 1968 angeschafft wurden,
liegt der Wiederbeschaffungswert im Jahr 1974 dem-
nach um das 1,66-fache über dem Anschaffungswert.

$$\frac{133,3}{80,5} = 1,66$$

Die allgemeine Formel für diesen Verteuerungsfaktor lautet:

$$\frac{\text{Index Abschreibungsjahr}}{\text{Index Anschaffungsjahr}} = \text{Verteuerungsfaktor}$$

Mit den Faktoren werden die Anschaffungswerte hochgerechnet.

Verteuerungsfaktor x Anschaffungswert = Wiederbeschaffungswert
zum gegenwärtigen Zeitpunkt

Der Abschreibungsprozentsatz
auf diesen erhöhten Wiederbeschaffungswert angewandt,
ergibt die kalkulatorischen Abschreibungen auf Wiederbeschaffungsba-
sis.
Dadurch ergeben sich jährlich *steigende Abschreibungsbeträge,*
die – über die Zeit addiert – über den bilanzmäßigen liegen
(bilanzmäßige Abschreibungen
dürfen nur vom Anschaffungswert vorgenommen werden).
Die Verteuerungsfaktoren müssen jedes Jahr neu errechnet werden.

Auf der Grundlage solcher Indices
können für die Güter des Anlagevermögens
die Verteuerungen vom Anschaffungsjahr
bis zum letzten in der Statistik gezeigten Jahr errechnet werden.
Da die Zahlen der Statistiken ein Jahr nachlaufen,
muß die Verteuerung für das letzte Jahr geschätzt werden.

Die Hochrechnung der Abschreibung
auf den **gegenwärtigen** Wiederbeschaffungswert
(und nicht auf den in der Zukunft liegenden Wert
der tatsächlichen Wiederbeschaffung)
genügt zur Substanzerhaltung,
weil im Regelfall die »verdienten« Abschreibungen
im gleichen Jahr wieder in das Unternehmen investiert werden,
also Substanz zum gleichen Wert nachgekauft wird.
Man wird also nicht
die durch den Erlös hereingekommenen Abschreibungsbeträge
bis zur Wiederbeschaffung der entsprechenden Anlage ansammeln.

Ein Zahlenbeispiel soll die jährliche Anpassung,
die Wiederbeschaffungswerte und die dadurch ausgelöste Änderung
der kalkulatorischen Abschreibungen zeigen.

*Ein PKW wurde im Jahr 1970 angeschafft. Der Anschaffungswert
betrug damals 10 000,– DM. Er wird mit 25 % jährlich
kalkulatorisch abgeschrieben (= 4 Jahre Nutzungsdauer).*

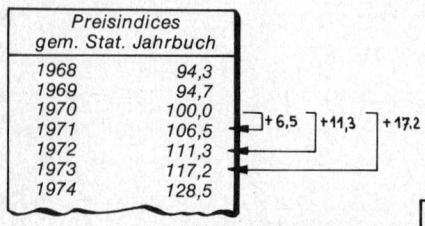

Preisindices gem. Stat. Jahrbuch	
1968	94,3
1969	94,7
1970	100,0
1971	106,5
1972	111,3
1973	117,2
1974	128,5

]+ 6,5 +11,3 + 17,2

	1970	1971	1972	1973
Anschaffungswert	10 000	–		
Wiederbeschaffungswert	–	10 650	11 130	11 720
kalk. Abschreibung 25 % auf Wiederb.-Basis	2 500	2 663	2 783	2 930

*insgesamt kalk. abgeschrieben
= 10 876,–; das sind*

*»Mehrabschreibungen« von 876,– DM gegenüber dem Anschaffungs-
wert.*

1. Der Anschaffungswert einer Drehbank betrug DM 300 000,–.
Das Anschaffungsjahr war 1970.
Die Nutzungsdauer wurde auf 10 Jahre veranschlagt.

a) Errechnen Sie den kalkulatorischen Abschreibungsprozentsatz!

$$\overline{\hspace{5cm}} = \text{..........} \%$$

b) Wie hoch wäre die Abschreibung im Jahr 1975
bei Abschreibung vom
Anschaffungswert? .... DM

c) Wie hoch wäre die Abschreibung im Jahr 1975
bei Abschreibung vom Wiederbeschaffungswert?

– Errechnen Sie zuerst den Verteuerungsfaktor:

1970	1971	1972	1973	1974	1975
100,0	112,4	118,6	125,9	142,4	160,0

Indices gem. Stat. Jahrbuch
1975 geschätzt

.... : .... = ...

– und nun den Wiederbeschaffungswert, wenn die Drehbank
im Jahr 1975 wiederbeschafft werden müßte:

.... ✕ .... = ... DM

– Jetzt läßt sich die (lineare) Abschreibung für 1975
leicht errechnen:

| Wiederbeschaffungswert | Abschreibungs- | Abschreibung |
| 1975 | prozentsatz | 1975 |

.... ✕ .... % = ... DM

2. Der Anschaffungswert einer Maschine beträgt DM 200 000,–;
die wirtschaftliche Nutzungsdauer ist auf 5 Jahre geschätzt.

a) Wie hoch ist der Abschreibungsprozentsatz?

.... %

b) Wie hoch ist der kalkulatorische Restwert
nach 3 Jahren bei Abschreibung vom Anschaffungswert?

.... DM

1. a)

$$\frac{100}{10} = \underline{10\%}$$

b) $\underline{30.000,- \text{DM}}$

c)

$\underline{160 : 100 = 1,6}$

$\underline{300.000,- \text{DM}} \times 1,6 = \underline{480.000,- \text{DM}}$ Mehrabschreibung = 18 000,–

$\underline{480.000,- \text{DM}} \times \underline{10\%} = \underline{48.000,- \text{DM}}$

2. a)

$\underline{20\%}$

b)

$\underline{80.000,- \text{DM}}$

Kalkulatorische Zinsen

Bei der Erstellung der betrieblichen Leistung
werden im Betrieb beachtliche Mittel im Vermögen gebunden.
Diese Mittel könnten an anderer Stelle zinstragend angelegt werden,
z. B. auf einem Konto oder als Wertpapier.
Durch den Einsatz im Betrieb geht die Möglichkeit,
Zinserträge zu erwirtschaften, verloren.
Erst wenn durch das Betriebsergebnis
mehr als diese Zinsen verdient wird,
hat sich der Einsatz der Mittel im Betrieb gelohnt
oder anders ausgedrückt:
nur wenn der Betrieb mehr als die marktübliche Verzinsung
auf die eingesetzten Mittel abwirft,
kann man von Betriebsgewinn sprechen.

Die folgende Abbildung veranschaulicht,
in welcher Form Mittel im Betrieb gebunden werden.

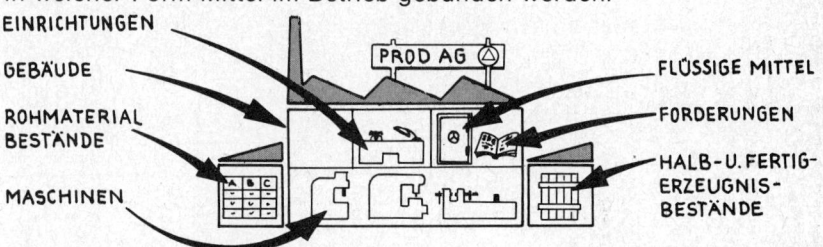

Die im Betrieb gebundenen Mittel
ergeben zusammengefaßt
das **betriebsnotwendige Vermögen.**
Darin stecken jedoch auch Mittel,
die *zinslos* von Lieferanten und Kunden
aufgrund der geschäftlichen Beziehungen
kürzer oder länger
zur Verfügung gestellt werden.
Dieser zinslos überlassene Teil der Mittel
wird bei der Errechnung
der kalkulatorischen Zinsen
als **Abzugskapital** herausgenommen.
Es ergibt sich dann
das **betriebsnotwendige Kapital.**
Das ist der Betrag, der statt im Betrieb
anderweitig zinstragend eingesetzt werden könnte.

Betriebsnotwendiges Vermögen

Abzugskapital

Betriebsnotwendiges Kapital (BNK)

Die detaillierte Berechnung des betriebsnotwendigen Kapitals
sieh folgendermaßen aus:

I BETRIEBSNOTWENDIGES VERMÖGEN	WERTANSATZ

a) Betriebsnotwendiges Anlagevermögen
  – Grundstücke
  – Gebäude
  – Maschinen
  – maschinelle Anlagen
  – Betriebs-, Geschäftsausstattung
	zu kalkulatorischen
	Restwerten
	(Durchschnitt
	des Jahres)

b) Betriebsnotwendiges Umlaufvermögen
  – Roh-, Hilfs-, Betriebsstoffe,
    bezogene Teile
  – fertige, unfertige Erzeugnisse
  – Forderungen
  – flüssige Mittel	

Summe: BETRIEBSNOTWENDIGES VERMÖGEN	Jahresdurchschnitt oder Endwerte der einzelnen Monate

II ABZUGSKAPITAL
  – Verbindlichkeiten aus Warenlieferungen
    und Leistungen
  – Anzahlungen von Kunden	

Summe: ABZUGSKAPITAL	
I ./. II = BETRIEBSNOTWENDIGES KAPITAL (BNK)	

Auf das betriebsnotwendige Kapital wird ein Zins gerechnet,
der sich am langfristigen, landesüblichen Zinssatz orientiert.
Die Zinssätze liegen üblicherweise zwischen 5 % und 10 %;
der einmal gewählte Prozentsatz wird aus Gründen der Vergleichbarkeit
über mehrere Jahre unverändert angewandt.
Die **kalkulatorischen Zinsen**
ergeben sich durch Multiplikation des betriebsnotwendigen Kapitals
mit dem entsprechenden kalkulatorischen Zinssatz:

Betriebsnotwendiges Kapital	×	**kalkulatorischer Zinssatz**	=	**kalkulatorische Zinsen**

Bei monatlicher Ermittlung wäre das entsprechend:

$$\text{Betriebsnotwendiges Kapital} \times \frac{\text{kalkulat. Zinssatz}}{12} = \text{kalkulatorische Zinsen pro Monat}$$

Bei der Berechnung der kalkulatorischen Zinsen
wird nicht unterschieden,
ob die Mittel aus Eigen- oder Fremdkapital stammen.
Entscheidend ist nur, daß sie der Betrieb
bei der Erfüllung seiner eigentlichen Aufgaben gebunden hat.
Dadurch sind auch Betriebe mit unterschiedlicher Kapitalstruktur
in den Kapitalkosten vergleichbar.

Die Verrechnung der kalkulatorischen Zinsen
vollzieht sich in folgender Weise:
1. Die kalkulatorischen Zinsen
   belasten als kalkulatorische Kosten das *Betriebsergebnis,* aber

2. **entlasten** in gleicher Höhe
   als »verrechnete kalkulatorische Zinsen« das *Neutrale Ergebnis.*

3. Die effektiv an die Kreditgeber bezahlten,
   also die tatsächlichen Zinsen,
   belasten als Zinsaufwand das *Neutrale Ergebnis.*

Bei der Zusammenfassung der beiden Ergebnisse in der
Gewinn- und Verlustrechnung heben sich
die kalkulatorischen Zinsen auf.
Auf das Gesamtergebnis wirken nur die tatsächlich gezahlten Zinsen.

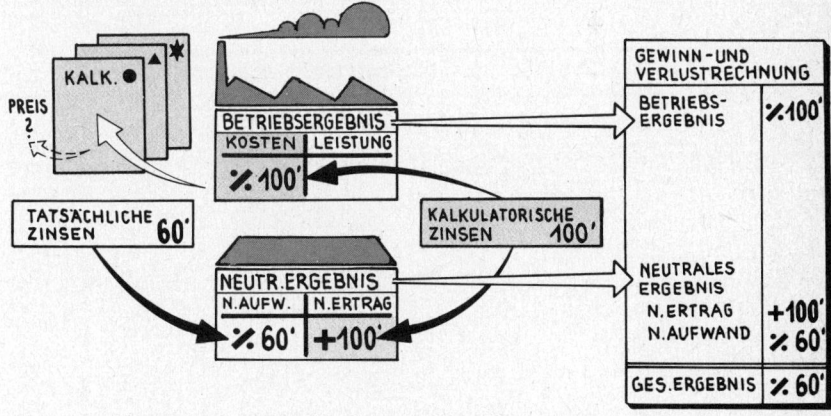

Durch die Verrechnung der kalk. Zinsen wird der Betrieb angehalten,
mit möglichst geringem Kapitalbedarf auszukommen,
um das Betriebsergebnis, an dem er gemessen wird,
nicht zu verschlechtern.

Für die PROD AG waren im
Vorjahr folgende Zahlen
ermittelt worden:

Verzeichnis der KALK.RESTWERTE-Vorjahr	PROD AG △
Anlagevermögen	DM
Grundstücke	100.000.-
Gebäude	500.000.-
Maschinen	270.000.-
Heizungsanlagen	10.000.-
Werkstatteinrichtung	2.000.-
Lagereinrichtung	9.000.-
Büroeinrichtung	4.000.-
Laboreinrichtung	10.000.-
Summe	905.000.-

BILANZ zum 31.12. Vorjahr PROD AG △

AKTIVA		PASSIVA	
	DM		DM
Anlagevermögen		**Eigenkapital**	
(buchmäßiger Restwert)	800.000	Grundkapital	400.000
Umlaufvermögen		Rücklagen	320.000
Material	110.000	**Fremdkapital**	
Erzeugnisse	100.000	Langfristige Verbindl.	300.000
Forderungen	140.000	Kurzfristige Verbindl.	150.000
Flüssige Mittel	50.000	Verbindl. an Lieferanten	30.000
Summe	1'200.000	**Summe**	1'200.000

1.

a) Wie hoch war das »betriebsnotwendige Vermögen« im Vorjahr?

DM

Anlagevermögen (kalk. Restwert)	....
Vorräte an Material	....
Vorräte an Erzeugnissen	....
Forderungen	....
Flüssige Mittel	....
betriebsnotwend. Vermögen	....

b) Als Abzugskapital waren abzusetzen **%** ....

c) Es ergab sich ein
   »betriebsnotwendiges Kapital« von ....

d) Bei einem kalk. Zinssatz von 10 %
   betrugen die kalk. Zinsen im Vorjahr ....

2. Als effektive Zinsen waren zu entrichten

   6 % auf die langfr. Verbindl. (s. gegenüberl. Bilanz) ....

   8 % auf die kurzfr. Verbindl. (s. gegenüberl. Bilanz) ....

                                          Summe ....

Tragen Sie die Beträge der kalk. Zinsen und die effektiven Zinsen
in die Ergebnisübersichten mit dem Vorzeichen,
das die Wirkung auf das jeweilige Ergebnis ausdrückt, ein!

1.

905.000,–
110.000,–
100.000,–
140.000,–
50.000,–
1'305.000,–
⁒ 30.000,–
1'275.000,–
127.500,–

darin 72 000,– DM auf das durch Eigenkapital
finanzierte Vermögen (vgl. Bild S. 88).

2.

18.000,–
12.000,–
30.000,–

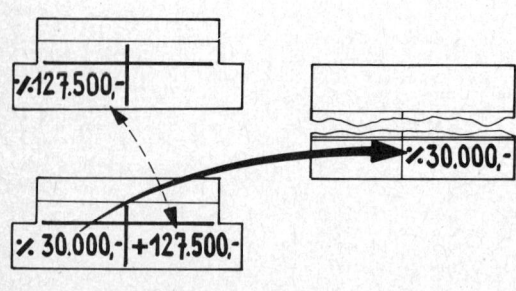

3. Warum werden
   – Verbindlichkeiten aus Warenlieferungen und Leistungen
   – Anzahlungen an Kunden
   bei der Errechnung des betriebsnotwendigen Kapitals
   herausgenommen?

....

4. In welcher Weise beeinflussen die folgenden Vorgänge
   die kalkulatorischen Zinsen?
   (Ein Blick auf die Tabelle S. 86 hilft Ihnen,
   die Auswirkungen der Vorgänge zu beurteilen.)

	Wirkung auf kalk. Zins		
	erhöhend	senkend	ohne Wirkung
a) Erhöhung der Erzeugnisbestände	◯	◯	◯
b) Senkung der kalk. Abschreibungssätze für das Anlagevermögen (= höhere Restwerte!)	◯	◯	◯
c) Erhöhung der erhaltenen Kundenanzahlungen	◯	◯	◯
d) Verlängerung der Zahlungsziele für Kunden des Unternehmens (= Anstieg der Forderungen)	◯	◯	◯
e) Erhöhung der Verbindlichkeiten an Lieferanten (längeres Zahlungsziel)	◯	◯	◯

5. »Kalk. Zinsen sind auch für das
   aus Eigenkapital finanzierte Vermögen zu entrichten.«

Diese Aussage ist   falsch ◯

richtig ◯

3.

Weil sie **zinslos** überlassenes (geliehenes) Kapital sind.

4.

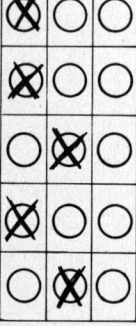

⊗	○	○
⊗	○	○
○	⊗	○
⊗	○	○
○	⊗	○

zu a) erhöht das betriebsnotwendige Vermögen

zu b) erhöht das betriebsnotwendige Vermögen

zu c) erhöht das Abzugskapital und vermindert dadurch das betriebsnotwendige Kapital

zu d) erhöht das betriebsnotwendige Vermögen

zu e) erhöht das Abzugskapital und vermindert dadurch das betriebsnotwendige Kapital

Hier noch einmal die Formeln:

$$\text{Betriebsnotwendiges Vermögen} \div \text{Abzugskapital} = \text{Betriebsnotwendiges Kapital}$$

5.

○

$$\text{Betriebsnotwendiges Kapital} \times \text{Kalkulatorischer Zinssatz} = \text{Kalkulatorischer Zins}$$

⊗ richtig

Kalkulatorische Wagnisse

Jede unternehmerische Tätigkeit
ist mit dem
»allgemeinen Unternehmerwagnis«
behaftet, das sich
aus der Unsicherheit über die
zukünftige gesamtwirtschaftliche
Entwicklung ergibt.
Konjunkturelle und strukturelle Veränderungen auf dem Markt
bergen die Gefahr von Verlusten in sich,
die das von den Anteilseignern eingesetzte Kapital bedrohen.
Dieses Risiko muß durch den Gewinn abgedeckt werden.

Daneben ist die betriebliche Tätigkeit
mit einer Reihe von **Einzelrisiken** (Wagnissen) belastet,
die *unregelmäßig* und in *wechselnder* Höhe
im Laufe der betrieblichen Tätigkeit eintreten
und Vermögensverluste verursachen.

Mit folgenden Wagnisarten muß ein Betrieb rechnen:

■ **Anlagenwagnis:** Verluste durch Zerstörung oder sonstigen vorzeitigen Ausfall der Anlagen (technisch, wirtschaftlich bedingt)

■ **Beständewagnis:** Verluste durch Schwund, Verderb, Bruch, sonst. Zerstörung, Veralterung, Diebstahl

■ **Mehrkostenwagnis:** Verluste durch Ausschuß aufgrund von Material-, Arbeits-, Konstruktionsfehlern, Fertigungsstörungen

■ **Gewährleistungswagnis:** Verluste durch kostenlose Ersatzlieferungen an Kunden oder Nacharbeit

■ **Vertriebswagnis:** Verluste durch Ausfall von Forderungen gegenüber Kunden (Vergleich, Konkurs eines Kunden), Währungsverluste (Forderungen in Fremdwährungen).

Ein Teil dieser Risiken wird durch Versicherungen abgedeckt.
In den Kosten erscheinen dann die Versicherungsprämien.
Die nicht versicherten Risiken werden im Schadensfall
in das Neutrale Ergebnis als »eingetretene Wagnisse« genommen;
sie sind »außerordentlich«, aber nicht »betriebsfremd« (vgl. S. 30).
Für die Kostenrechnung müssen die Beträge geglättet werden,
dann können sie in das Betriebsergebnis übergerechnet werden.
Das geschieht in folgender Weise:
Aus den eingetretenen Risikofällen (eingetretene Wagnisse)
einiger zurückliegender Geschäftsjahre
wird ein *Durchschnittsbetrag* errechnet.

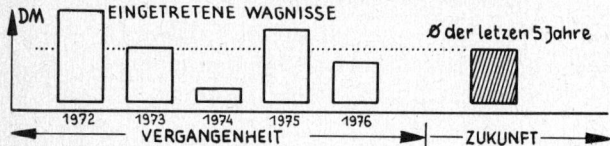

Der errechnete Durchschnittsbetrag
wird auf eine **Basis** (z. B. der Umsatz dieses Zeitraumes) bezogen.

Als Bezugsbasis ist eine Größe zu wählen, die mit den Risiken
in einem gewissen ursächlichen Zusammenhang steht
und relativ leicht zu finden ist.
Der Umfang der Risiken ist u. a. abhängig vom Leistungsvolumen;
deshalb bietet sich der *Umsatz* als Bezugsgröße an.
Auch andere Bezugsbasen sind denkbar.

Der kalk. Wagnissatz läßt sich nach folgender Formel berechnen:

$$\frac{\text{Durchschnitt d. eingetret. Wagnisse} \times 100}{\text{Bezugsbasis}} = \text{kalk. Wagnissatz in } \%$$

Ein Beispiel:
Ein Unternehmen mit einem durchschnittlichen Jahresumsatz von 50 Mio.
verzeichnet als Durchschnitt der letzten 5 Jahre
durchschnittlich 2,5 Mio. an eingetretenen Wagnissen.
Der kalkulatorische Wagnissatz
errechnet sich in diesem Fall wie folgt:

$$\frac{2'5 \times 100}{50'} = 5\%$$

Der kalkulatorische Wagnissatz
muß jedes Jahr neu errechnet werden. ($\varnothing$ der jeweils letzten 5 Jahre)
Die verschiedenen Wagnisarten werden meistens
in einem Wagnissatz zusammengefaßt.

Die kalkulatorischen Wagnisse als DM-Betrag errechnen sich:

$$\frac{\text{Bezugsbasis d. lfd. Jahres} \times \text{kalk. Wagnissatz}}{100} = \frac{\text{kalk. Wagnisse}}{\text{in DM}}$$

Im kurz zuvor erwähnten Beispiel ergeben sich
bei einem geschätzten Umsatz von 60' Mio. für das laufende Jahr
demnach kalkulatorische Wagnisse in Höhe von

$$\frac{60' \times 5}{100} = 3 \; Mio.$$

Die Verrechnung der kalkulatorischen Wagnisse
geschieht folgendermaßen:
1. Die kalkulatorischen Wagnisse **belasten**
   als kalk. Kosten das *Betriebsergebnis,* aber
2. **entlasten** in gleicher Höhe als
   »verrechnete kalkulatorische Wagnisse« das *Neutrale Ergebnis.*
3. Die tatsächlich eingetretenen Risikofälle (Wagnisse)
   belasten als außerordentlicher Aufwand das *Neutrale Ergebnis.*

Bei der Zusammenfassung der beiden Ergebnisse
in der *Gewinn- und Verlustrechnung*
heben sich die kalkulatorischen Kosten auf und nur
die tatsächlich eingetretenen Wagnisse sind ergebniswirksam.

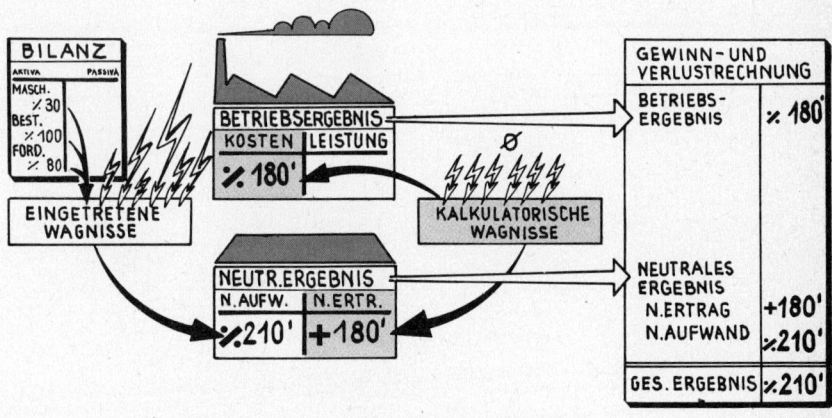

Langfristig sollten sich eingetretene Risikofälle
und verrechnete kalkulatorische Wagnisse ausgleichen.

Im folgenden Beispiel
sind die eingetretenen Wagnisse
und die Umsätze der PROD AG von 5 Jahren aufgelistet.

Errechnen Sie den kalkulatorischen Wagnissatz (%)
und die kalkulatorischen Wagnisse (DM) für das Jahr 1977!

Eingetretene Wagnisse	PROD AG △				
	1972	1973	1974	1975	1976
Anlagenwagnis	5 000,–	–	4 000,–	1 000,–	–
Beständewagnis	10 000,–	1 000,–	1 000,–	2 000,–	6 000,–
Gewährl.-wagnis	15 000,–	5 000,–	30 000,–	15 000,–	5 000,–
Vertriebswagnis	–	2 000,–	–	18 000,–	–
Summe der einge-tretenen Wagnisse	30 000,–	8 000,–	35 000,–	36 000,–	11 000,–
Umsatz (in Mio.)	1'0	1'1	1'1	1'3	1'5

1. Bilden Sie die Gesamtsumme aller Wagnisse
   und die Umsatzsumme der PROD AG in der Tabelle!
   Errechnen Sie unter a) den Durchschnitt der eingetretenen Wagnisse
   und unter b) den Durchschnitt der Jahresumsätze,
   indem Sie die Summen durch 5 (Jahre) teilen.

   Unter c) soll der kalkulatorische Wagnissatz ermittelt werden.
   Bezugsbasis ist der Durchschnitt der Jahresumsätze.
   Nun können unter d) die kalkulatorischen Wagnisse für 1977
   errechnet werden. Bezugsbasis ist der geplante Umsatz 1977.

Summe 5 Jahre	1977
10 000,–	
20 000,–	?
70 000,–	
20 000,–	
	1'4 (geplant)

a) Durchschn. d. eingetr. Wagnisse

DM :5 =   DM

b) Durchschnitt der Jahresumsätze

DM :5 =   DM

c) Kalkulatorischer Wagnissatz

_____ ✗ _____ =   %

d) Kalkulatorische Wagnisse für 1977

_____ ✗ _____ =   DM

2. Welche Wagnisse wirken sich im Gesamtergebnis
   (Gewinn- und Verlustrechnung) eines Unternehmens letztlich aus?

   nur die kalkulatorischen Wagnisse ◯

   nur die eingetretenen Wagnisse ◯

   beide Arten von Wagnissen ◯

3. Inwiefern wird der kalkulatorische Wagnissatz
   für das laufende Jahr beeinflußt,
   wenn im Vorjahr kein einziges Risiko eingetreten ist?

   ....

1.

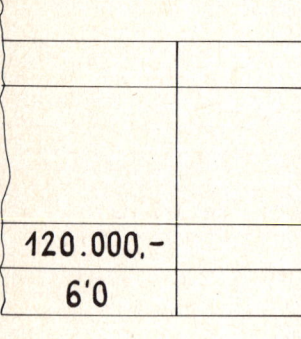

120.000,–	
6'0	

$$120.000,- \text{DM} : 5 = 24.000,- \text{DM}$$

$$6'000.000,- \text{DM} : 5 = 1'200.000,- \text{DM}$$

$$\frac{24.000,- \times 100}{1'200.000,-} = 2\%$$

$$\frac{1'400.000,- \times 2}{100} = 28.000,- \text{DM}$$

2.

 nur die eingetretenen Wagnisse

○

3.

Er **verringert** sich, da sich der Durchschnitt
der eingetretenen Risikofälle der letzten Jahre verringert.

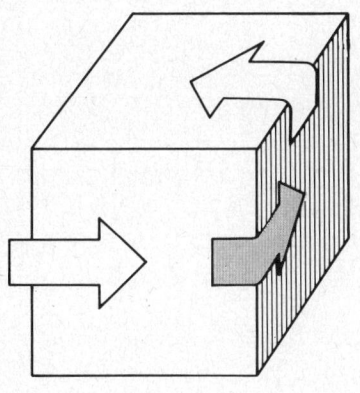

Modellbetrieb: PROD AG

Unternehmenserfolg und Kostenrechnung

WAS wird verzehrt, welche Kosten entstehen – Kostenartenrechnung –

WO entstehen die Kosten – Kostenstellenrechnung –

WOFÜR entstehen die Kosten – Kostenträgerrechnung –

Praktisches Beispiel: Kostenrechnung der PROD AG

Anhang

In diesem Abschnitt erfahren Sie, nach welchen Kriterien Kostenstellen gebildet werden und wie die Kosten mit Hilfe des Betriebsabrechnungsbogens (BAB) auf die Kostenstellen zu verteilen sind.

Außerdem lernen Sie Verteilungsschlüssel kennen und anwenden, nach denen sich Gemeinkosten den einzelnen Kostenstellen zuordnen lassen.

Die Kostenstellenrechnung im einzelnen

Die Aufgaben der Kostenstellenrechnung
Die Bildung von Kostenstellen
Die Verteilung der Kosten auf die Kostenstellen
Die Verteilung der Gemeinkosten auf die Kostenstellen
    Direkte Zuordnung
    Schlüsselung der Gemeinkosten

Die Kostenstellenrechnung im einzelnen

Die Aufgaben der Kostenstellenrechnung

Mit der Erfassung und Aufgliederung
der Kosten nach Kostenarten
ist der erste Schritt in der Arbeit
des Kostenrechners vollzogen.

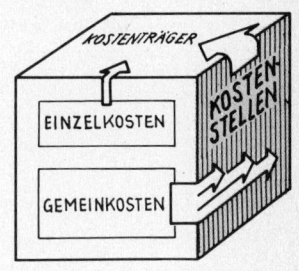

Nun kommt es darauf an,
die in der Kostenartenrechnung
gewonnenen Daten
für die Beurteilung der Produkte (Kostenträger)
und als Entscheidungshilfe bei betrieblichen Maßnahmen
nutzbar zu machen.

Ein Teil der Kosten steht mit dem Kostenträger und seiner Herstellung
in einem unmittelbaren Zusammenhang,
die Zurechnung auf den Kostenträger als **EINZELKOSTEN**
ist schon aus der Kostenartenrechnung heraus
aufgrund der Fertigungsunterlagen
(Arbeitsplan, Stückliste usw.) möglich.
Planung und Kontrolle dieser Kosten
stellen kein besonderes Problem dar,
da sie unmittelbar vom Leistungsvolumen abhängen.

Anders ist es bei den **GEMEINKOSTEN.**
Sie fallen für mehrere Kostenträger an
und stehen oft nur in einem sehr losen Zusammenhang
zum Kostenträger.
Sie können bei der Mehrzahl der Betriebe
nur **über die Kostenstellenrechnung**
den Kostenträgern zugerechnet werden (s. Abb. oben).

Da sich die Gemeinkosten nur zum kleinsten Teil
aus dem Leistungsprozeß unmittelbar rechtfertigen,
ist hier die **Vorgabe** und **Kontrolle** der Kosten von großer Bedeutung,
damit sie sich nicht unkontrolliert entwickeln
und die Wirtschaftlichkeit des Betriebes
in ungerechtfertigter Weise belasten.

Der Kostenstellenrechnung stellen sich demnach folgende Aufgaben:

– Sie soll Informationen
zur Steuerung der Gemeinkosten liefern
(Kostenvorgabe/-kontrolle),
indem sie zeigt, wo und durch wen
Gemeinkosten verursacht werden.

> **KOSTENPLANUNG/
> KONTROLLE**

– Sie soll eine
verursachungsgerechte Zuordnung
der Gemeinkosten
auf den Kostenträger ermöglichen.

> **PRODUKT-
> BEURTEILUNG**

– Sie soll Informationen beitragen,
wenn es um die Beurteilung
betrieblicher Maßnahmen geht
(z. B. Änderung des Fertigungsverfahrens,
Umstellung auf EDV).

> **MASSNAHMEN-
> BEURTEILUNG**

Jeder Betrieb wird sich im Rahmen der Unternehmensplanung
bestimmte Ziele setzen und die Maßnahmen und Mittel planen,
die er für die Erreichung dieser Ziele einsetzen wird.

Dabei werden u. a. Vorstellungen über das Leistungsvolumen,
die dadurch verursachten Kosten
und das erforderliche Betriebsergebnis entwickelt.
Hieraus ergeben sich auch Plandaten für die Gemeinkosten.
Werden diese auf die Kostenstellen aufgeteilt,
hat der Kostenstellenleiter einen Rahmen für seine Entscheidungen
und Maßnahmen, der in die Gesamtplanung paßt.

Die Gegenüberstellung von **SOLL/IST-Werten**
während des Geschäftsjahres zeigt ihm an,
ob er sich mit seinen Maßnahmen
in dem vorgegebenen Kostenrahmen bewegt hat.
Er kann notfalls rechtzeitig korrigieren.

Die Geschäftsleitung kann Planabweichungen lokalisieren
und notfalls unmittelbar da eingreifen,
wo die Planabweichung verursacht wird.

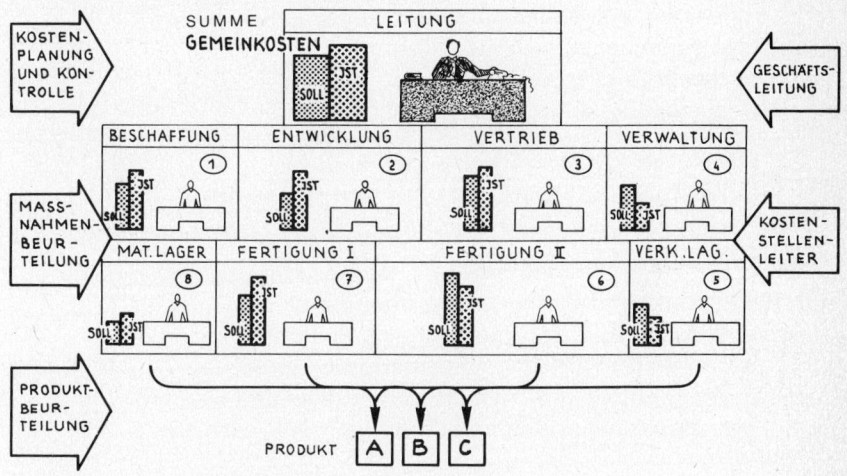

Die Kostenträger nehmen die Kostenstellen
in unterschiedlichster Art und Intensität in Anspruch.
Wenn die Gemeinkosten einer Kostenstelle
und das Maß der Inanspruchnahme bekannt sind,
können diese Gemeinkosten einigermaßen
verursachungsgerecht zugeordnet werden,
indem z. B. ein »Stundensatz« für die Arbeit einer Maschine oder
für die Tätigkeit der Konstrukteure errechnet wird.

Stundensatz x zeitliche Inanspruchnahme = Gemeinkosten-Betrag

den der Kostenträger zu übernehmen hat.

Die Bildung von Kostenstellen

Bevor die Gemeinkosten
einzelnen **Kostenstellen** zugerechnet werden können,
muß der Betrieb erst einmal in Kostenstellen eingeteilt werden.
Dazu wird zunächst eine Grobgliederung
nach **Kostenbereichen** vorgenommen,
die sich aus der Struktur des Unternehmens ergibt.

KOSTENSTELLEN - ÜBERSICHT								PROD AG △
BEREICH A			BEREICH B		BEREICH C			SUMME
K'ST 1	K'ST 2	K'ST 3	K'ST 4	K'ST 5	K'ST 6	K'ST 7	K'ST 8	

Für die Planung und Überwachung der Kosten
und zur genaueren Verrechnung ist eine Feinuntergliederung
der Kostenbereiche in Kostenstellen erforderlich.
Wie fein die Bereiche in Kostenstellen untergliedert werden,
hängt von den jeweiligen betrieblichen Erfordernissen ab.

Kostenbereiche und deren Untergliederungen können z. B. sein:

Kostenbereiche	Kostenstellen
MATERIALBEREICH	Einkauf, Lager, Warenannahme, Materialprüfung
FERTIGUNGSBEREICH	Fertigungsleitung, Arbeitsvorbereitung, Betriebswerkstätten, Fertigungswerkstätten Werkzeugbau, Lohnbüro
ENTWICKLUNGS- und KONSTRUKTIONS-BEREICH	Labors, Konstruktionsbüros, Entwicklungswerkstätten
VERTRIEBSBEREICH	Erzeugnislager, Werbung, Verkaufsabteilungen, Versand
VERWALTUNG	Buchhaltung, Personalbüro, Organisation, Kalkulation, Leitung, Datenverarbeitung
ALLGEMEINER BEREICH	Kostenstellen, die mehrere Bereiche betreffen, z. B. Energieversorgung, Raum, Telefonzentrale, Fuhrpark, soziale Einrichtungen (Kasino, Bücherei, Betriebsarzt usw.)

1. Tragen Sie in den vorgezeichneten Würfel,
   der den Zusammenhang
   der einzelnen Gebiete
   der Kostenrechnung zeigt,
   die fehlenden Begriffe ein!

   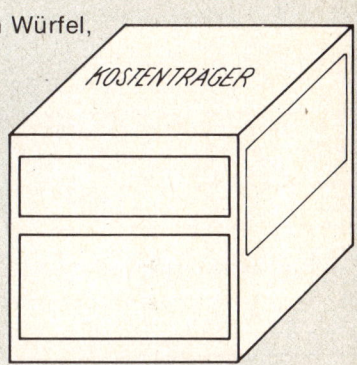

   Kostenstellen
   Einzelkosten
   Gemeinkosten

2. Aufgabe der Kostenstellenrechnung ist es,
   Informationen zu liefern.
   Wozu werden diese Informationen in erster Linie benötigt?
   Information zur Steuerung
   der Gemeinkosten   ....
   Information über den Anteil
   der Gemeinkosten am Kostenträger   ....
   Information zur Beurteilung
   betrieblicher Maßnahmen   ....

3. Ordnen Sie die Kostenstellen
   dem dazugehörigen Bereich zu,
   indem Sie
   die Nummern der Bereiche
   hinter den Kostenstellen
   eintragen.

   Materialbereich **1**
   Fertigungsbereich **2**
   Vertriebsbereich **3**
   Allgemeiner Bereich **4**

Kostenstellen	Bereich
Versand	....
Warenannahme	....
Fertigungsleitung	....
Kantine	....
Erzeugnislager	....
Arbeitsvorbereitung	....
Betriebsrat	....

1.

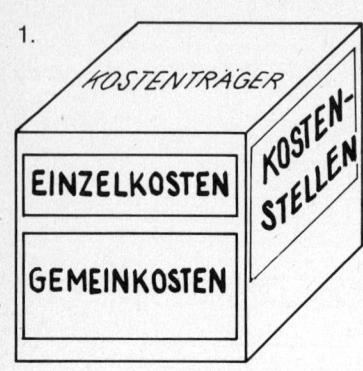

2.

Kostenplanung und -kontrolle

Produktbeurteilung

Maßnahmenbeurteilung

3.

	Kostenstellen
3	Versand
1	Warenannahme
2	Fertigungsleitung
4	Kantine
3	Erzeugnislager
2	Arbeitsvorbereitung
4	Betriebsrat

Kostenstellen können nach verschiedenen Gesichtspunkten gebildet werden, je nach dem Ziel, das man dabei verfolgt:

1. **nach Verantwortungsbereichen** *(Hauptziel: Kostenkontrolle):*
   Die Abgrenzung der Kostenstelle ist durch den Umfang
   des Verantwortungsbereiches bestimmt (z. B. Abteilung).
   Der Verantwortliche wird als Kostenstellenleiter bezeichnet.

2. **nach Funktionen** *(Hauptziel: verursachungsgerechte Verrechnung):*
   Gleiche betriebliche Funktionen
   sind zu Kostenstellen zusammengefaßt, z. B. Einkauf, Lager.
   Denkbar ist aber auch die Zusammenfassung
   von Maschinen gleicher technischer Funktion,
   da sie eine ähnliche Kostenverursachung haben;
   z. B. alle Pressen einer bestimmten Größe (10–20 t Druck)
   bilden eine Kostenstelle.
   Wie betriebliche Funktionen abgegrenzt werden,
   wird weitgehend bestimmt durch die Möglichkeit
   einer verursachungsgerechten Zuordnung auf die Kostenträger.

3. **nach räumlichen Gesichtspunkten**
   (Hauptziel: verursachungsgerechte Verrechnung):
   Ein bestimmter abgegrenzter Raum
   wird als Kostenstelle behandelt (z. B. Werkstatt I, II, III).
   Im Extremfall müssen im Fertigungsbereich
   einzelne Arbeitsplätze zu Kostenstellen gemacht werden,
   wenn die Kostenverursachung je Arbeitsplatz
   sehr unterschiedlich ist (z. B. durch unterschiedliche
   technische Ausstattung = Platzkostenrechnung).

4. **nach verrechnungstechnischen Gesichtspunkten**
   (Hauptziel: Arbeitsvereinfachung):
   Kostenstellen werden gebildet,
   um eine leichtere oder rationellere Zurechnung
   der Kosten vornehmen zu können.
   Die Kostenstelle sammelt Kosten,
   um sie in *einem* Betrag verteilen zu können, z. B. Raumkosten.

Bei der Kostenstellenbildung können mehrere Prinzipien
gleichzeitig angewandt werden und sich überlagern.

Ein Beispiel:
Bei einer »Betriebswerkstatt« können Verantwortungsbereich,
Funktion und räumliche Abgrenzung zusammenfallen.

Die Verteilung der Kosten auf die Kostenstellen

Nachdem der Betrieb in Kostenstellen gegliedert ist,
können die Gemeinkosten auf diejenigen Kostenstellen verteilt werden,
von denen sie verursacht worden sind
oder von denen sie getragen werden müssen.

BETRIEBSABRECHNUNGSBOGEN (BAB)

KOSTEN-ARTEN / KOSTENSTELLEN	SUMME GEMEINKOSTEN	ALLG. KOSTENST. Raumkosten 100	Schlosserei 401	FERTIGUNGS- 402 / 110
1. Hilfsstoffe				
2. Betriebsstoffe				
3. Zeitlöhne				
4. Gehälter				
5. Soz. Abgaben				
6. Sons. ges. Aufw.				
7. Freiw. soz. Aufw.				
8. Urlaubslöhne				
9. Feiertagslöhne/sonst. Tätigkeit, Aktivitäten				
10. Instand.haltung				
11. a. Stromverbr. Masch. b. Stromverbr. Beleuchtg.				
12. Brennstoffverbrauch				
13. Kalk. Abschreibungen				
14. Kalk. Zinsen				
15. Kalk. Wagnisse				
16. Reisekosten				
17. Bürokosten				
18. Telefongebühren				
19. Summe direkte GK				

Arbeitsmittel für die Verteilung
der Gemeinkosten auf die Kostenstellen
ist der **Betriebsabrechnungsbogen,** kurz **BAB** genannt.
Der BAB zeigt *in den Zeilen* die **Kostenarten** (nur Gemeinkosten!),
in den Spalten die einzelnen **Kostenstellen.**

Sehen Sie hier ein BAB-Formular schematisch dargestellt,
wie es in der PROD AG verwendet wird.

Die schraffierten Felder
sind eine Erleichterung für Sie bei der Abschlußübung.

BEREICH			Material-Lager	Entwicklung	VERTRIEBSBEREICH		Sekretariat	Verwaltung
402/ 111	402/120, 121	Meisterei 403	Lager 300	200	Vertriebsabt 201	Erz. Lager 500	202	203

In der Kostenstellenrechnung
werden 2 Gruppen von Kostenstellen unterschieden, je nach der Art,
wie sie ihre Kosten weiterverrechnen:

- **Hilfskostenstellen** geben ihre Kosten
  an andere Kostenstellen ab; sie werden deshalb
  auch als »Vorkostenstellen« bezeichnet.
- **Hauptkostenstellen** verrechnen ihre Gemeinkosten
  an den Kostenträger.

1) HILFSKOSTENSTELLEN:

   a) **Allgemeine Hilfskostenstellen:**
   Es sind die Kostenstellen des »Allgemeinen Bereichs« (s. S. 106).
   Sie sammeln die Kosten und geben sie in Form einer Umlage
   an *alle anderen* Kostenstellen ab,
   da sie Leistungen für diese erbringen.
   Die allgemeine Kostenstelle »Raum«
   wird in dem auf der gegenüberliegenden Seite abgebildeten BAB
   z. B. nach qm auf alle anderen Kostenstellen verteilt.

   b) **Besondere Hilfskostenstellen:**
   Es sind die Hilfskostenstellen der übrigen Bereiche
   (insbes. des Fertigungsbereichs).
   Sie sammeln die Kosten und geben sie in Form einer Umlage
   an *einige andere* Kostenstellen
   (meist nur innerhalb des gleichen Bereichs) ab,
   für die sie Leistungen erbracht haben
   (z. B. Modellbau, Werkzeugmacherei, Reparaturwerkstatt,
   Lohnbüro).
   Die Hilfskostenstelle »Schlosserei« z. B.
   hat für die Kostenstellen F-Werkstatt I und F-Werkstatt III
   Leistungen erbracht,
   also werden diesen die Kosten anteilsmäßig zugerechnet.

2) HAUPTKOSTENSTELLEN:

   Wenn die Kosten der Hilfskostenstellen umgelegt sind,
   können die Summen je Hauptkostenstelle gebildet werden.
   Alle Gemeinkosten sind dann auf die Hauptkostenstellen verteilt.

   Hauptkostenstellen sind die Fertigungsstellen, Materialstellen,
   Vertriebsstellen, Verwaltungsstellen,
   u. U. auch Entwicklungsstellen,
   weil sie ihre Leistungen für die Kostenträger
   und nicht für andere Kostenstellen erbringen.

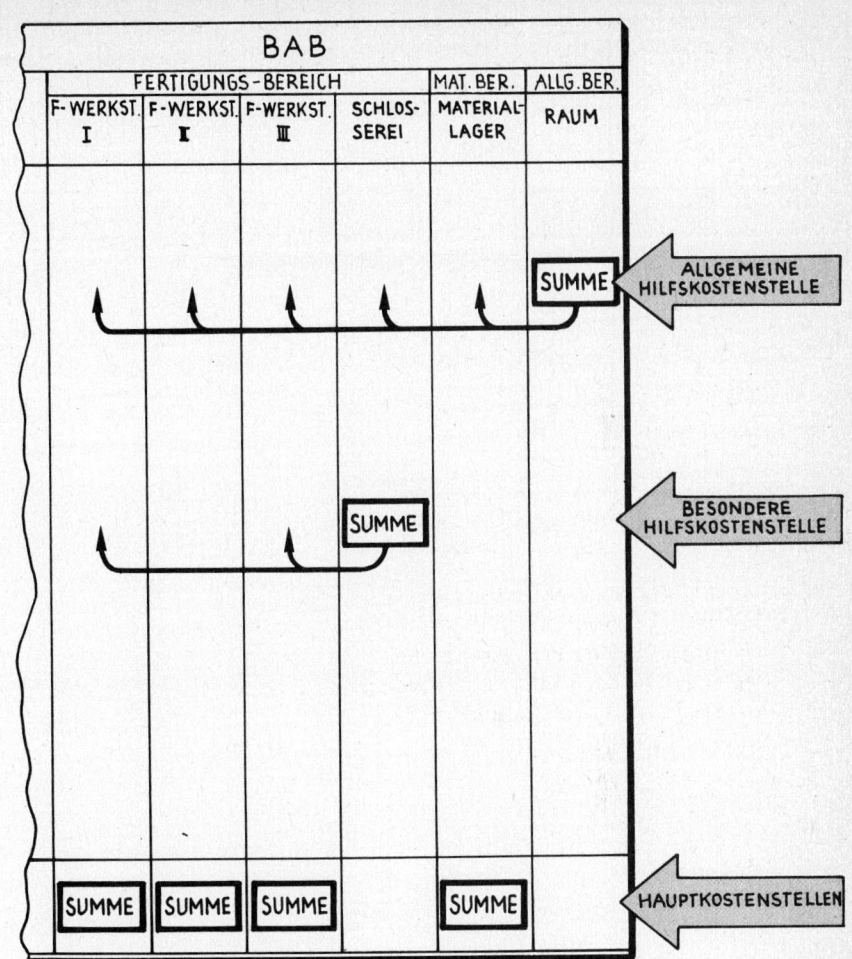

BAB

FERTIGUNGS-BEREICH				MAT. BER.	ALLG. BER.
F-WERKST. I	F-WERKST. II	F-WERKST. III	SCHLOS-SEREI	MATERIAL-LAGER	RAUM

SUMME — ALLGEMEINE HILFSKOSTENSTELLE

SUMME — BESONDERE HILFSKOSTENSTELLE

SUMME SUMME SUMME SUMME — HAUPTKOSTENSTELLEN

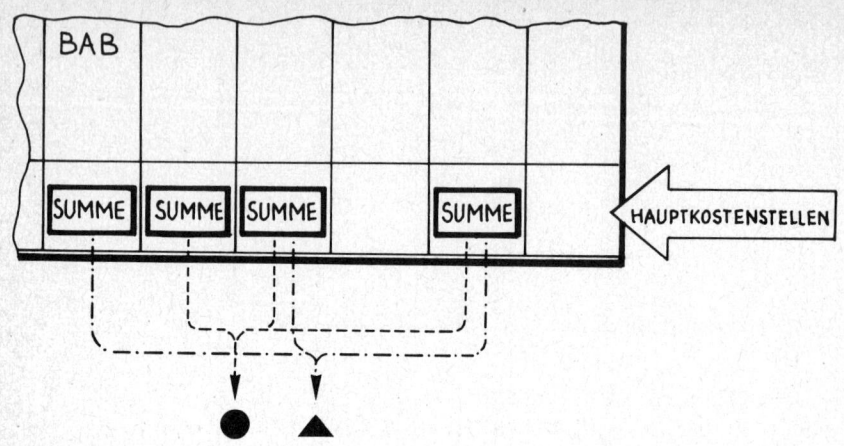

Die Hauptkostenstellen sind »*Endkostenstellen*«.
Ihre Gemeinkosten werden auf dem Weg
über eine Bezugsgröße (F-Min, F-Lohn, F-Mat, Herstellkosten)
den Kostenträgern zugemessen.

Mehr dazu im Kapitel »Kostenträgerrechnung«, Seite 127.

1. Im BAB werden die Kostenstellen üblicherweise in den

    Spalten ◯

    Zeilen ◯ dargestellt.

2. Kosten, die dem Kostenträger nicht direkt zugerechnet werden
   und im BAB auf die Kostenstellen verteilt werden, nennt man

   ....

3. Allgemeine Hilfskostenstellen verrechnen ihre Kosten

   nur an Hauptkostenstellen ◯

   an alle anderen Kostenstellen ◯

   nur an die Kostenstellen im gleichen Bereich ◯

   auf den Kostenträger direkt ◯

4. Welche Kostenstellen der PROD AG
   sind Ihrer Meinung nach allgemeine Hilfskostenstellen
   und welche besondere Hilfskostenstellen?

	allgemeine	besondere
	Hilfskostenstellen	
Meister (403)	◯	◯
Raumkosten (100)	◯	◯
Schlosserei (401)	◯	◯

5. Tragen Sie die Begriffe »Hauptkostenstelle«
   und »Hilfskostenstelle« in das Diagramm ein,
   das den Weg
   der Gemeinkosten zum Kostenträger schematisch darstellt.

GEMEIN-KOSTEN → .... - KOSTEN-STELLE → .... - KOSTEN-STELLE → KOSTENTRÄGER ● ▲

1. Im BAB werden üblicherweise die Kostenstellen in den
⊗   Spalten dargestellt.
◯

2. **Gemeinkosten**

3. Allgemeine Hilfskostenstellen verrechnen ihre Kosten

◯

⊗   an alle anderen Kostenstellen

◯

◯

4.

allg.	bes.
Hilfskostenst.	
◯	⊗
⊗	◯
◯	⊗

»Raumkosten«
werden an alle anderen Kostenstellen abgegeben
und bilden daher eine allgemeine Kostenstelle

5.

GEMEIN-KOSTEN → HILFS-KOSTEN-STELLE → HAUPT-KOSTEN-STELLE → KOSTENTRÄGER ● ▲

Die Verteilung der Gemeinkosten auf die Kostenstellen

Direkte Zuordnung

Ein Teil der Gemeinkosten kann bereits im Augenblick ihres Entstehens
einer Kostenstelle zugeordnet werden,
wenn gewisse organisatorische Voraussetzungen geschaffen werden.
Ob eine direkte Verrechnung vorgenommen wird, hängt ab von
- der Bedeutung der Kostenbeträge und
- dem Aufwand, der durch die Schaffung
    der organisatorischen Voraussetzungen verursacht wird.
Je mehr Kosten *direkt* zugeordnet werden,
um so genauer ist die Kostenstellenrechnung.

Kostenarten	Organisatorische Voraussetzungen für direkte Zuordnung auf Kostenstellen
Hilfslöhne	feste Zuordnung des Mitarbeiters zu einer Kostenstelle oder Angabe der Kostenstelle auf jedem einzelnen Lohnschein
Gehälter, Personal-nebenkost., Reisekost.	Zuordnung des Mitarbeiters zu einer Kostenstelle
Hilfs-, Betriebsstoffe	Angabe der Kostenstelle auf Material-Entnahmeschein oder auf der internen Bestellung (bei Fremdbezug)
Kalkulatorische Abschreibungen	Zuordnung jedes Anlagegegenstandes zu einer Kostenstelle
Kalkulatorische Zinsen	Zuordnung der Vermögensteile zu den Kostenstellen
Instandhaltung	Zuordnung der Anlagegüter zu Kostenstellen und Angabe der Kostenstellen auf den internen Reparaturaufträgen
Energiekosten	Anbringung von Meßgeräten zur Messung des Strom-, Gas-, Wasserverbrauchs (lohnt sich nur bei »Großverbrauchern«)

Durch Angabe der Kostenstelle auf den Kostenbelegen
wird ein großer Teil der Kosten laufend
ohne allzu großen Aufwand verursachungsgerecht zugeordnet.
Kosten, die genau kontrolliert werden sollen, wird man
auf diese Weise direkt zuordnen, auch wenn der Aufwand dafür
relativ groß ist, weil nur dann der Verantwortliche
zweifelsfrei zu finden ist (z. B. Telefongebühren).

Schlüsselung der Gemeinkosten

Diejenigen Kostenarten, die sich nur mit großem Aufwand
oder überhaupt nicht direkt zuordnen lassen,
müssen mit Hilfe eines Schlüssels
auf die Kostenstellen aufgeteilt werden.
Schlüsseln heißt, die Gemeinkosten »im Verhältnis zu . . .« aufteilen,
z. B. Raumkosten im Verhältnis zu den belegten qm.

Es kommt dabei darauf an, Schlüssel zu verwenden,

■ die **leicht zu finden** sind

■ und möglichst **verursachungsgerecht** wirken,
   d. h. die Schlüsselgröße
   sollte ein Maß für die Kostenverursachung sein.

Ein Beispiel:
Der elektrische Anschlußwert einer Maschine und deren Laufzeit
bestimmen im wesentlichen den Stromverbrauch.
Wenn die Laufzeiten der Maschinen nicht genau bekannt sind,
bleibt nichts anderes übrig, als für alle Maschinen
eine gleiche Laufzeit zu unterstellen und die Stromkosten
im Verhältnis der Anschlußwerte (= Schlüsselgröße) zu verteilen.
Man kommt damit zu einer gewissen Annäherung
an die tatsächlich verursachten Kosten.

In einzelnen Fällen kann es sinnvoll sein,
innerhalb einer Kostenart einen Teil der Kosten direkt,
den anderen durch Schlüsselung zu verteilen.

In der PROD AG z. B. werden die Ferngespräche
über das Sekretariat vermittelt. Die Gebühr wird
je Kostenstelle erfaßt. Die Ortsgespräche können dagegen
direkt gewählt werden. Die Gebühren hierfür werden
im Verhältnis der externen Anschlüsse verteilt.
Bei der Geringfügigkeit dieser Beträge
wäre eine Einzelerfassung unsinnig
(s. Grundsätze der Kostenrechnung).

Die Anwendung von Schlüsseln ist nicht nur
bei der Verteilung einzelner Kostenarten, sondern auch bei der

■ Umlage von Hilfskostenstellen und bei der

■ Verteilung von Gemeinkosten auf die Kostenträger erforderlich.

Ein Beispiel für Umlage von Hilfskostenstellen:
In der PROD AG betrugen im Vorjahr die Kosten
der Kostenstelle 403 (Meister) DM 27 000,–.
Diese Kosten sind auf die Kostenstellen der Fertigung
(Kostenstellen 401–402) im Verhältnis der Kopfzahlen (vgl. Bl. 0)
zu verteilen (der Arbeitsumfang des Meisters
wird durch die Zahl der Mitarbeiter wesentlich beeinflußt).

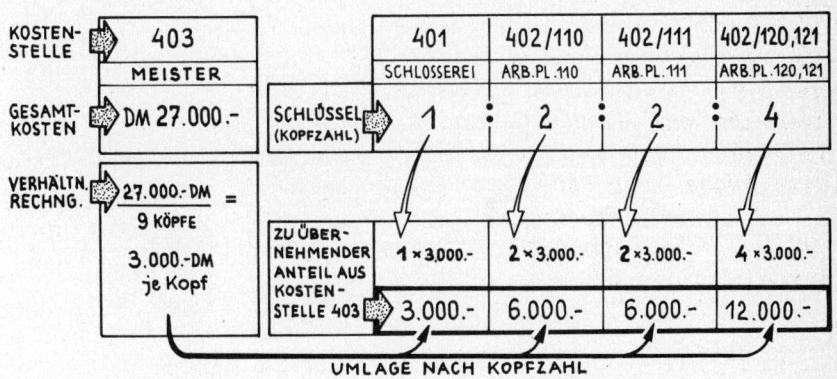

Es gibt eine Vielzahl von Schlüsselgrößen, die sich
in zwei Gruppen einteilen lassen. Je nachdem,
ob dem Schlüssel ein Wert- oder Mengenmaßstab zugrunde liegt,
unterscheidet man zwischen
Wertschlüssel und **Mengenschlüssel.**

a) Wertschlüssel:

Die Anwendung eines Wertschlüssels empfiehlt sich,
wenn die zu verteilenden Gemeinkosten von einer Wertgröße
direkt abhängen, d. h. aus dieser errechnet werden (z. B. kalk. Zinsen)
oder wenn dieser Schlüssel die Verursachung der Kosten
zwar nicht so gut trifft wie ein Mengenschlüssel,
aber sehr viel einfacher zu finden ist.

Ein Beispiel:
Die Kosten der Vertriebsleitung wären mit einem Mengenschlüssel
(aufgewendete Arbeitsstunden) sicher genauer
auf die Vertriebsgruppen zu verteilen,
aber die Ermittlung dieses Schlüssels
würde jedesmal erhebliche Arbeit verursachen.
Deshalb wird man lieber den Umsatz als Schlüsselgröße verwenden,
denn diese Zahlen liegen vor und es gibt sicher
einen gewissen Zusammenhang
zwischen Arbeitseinsatz der Vertriebsabteilung und Umsatz.

Weitere Beispiele für die Anwendung von Wertschlüsseln:

Bei Kostenart:	Schlüssel
Kalk. Zinsen	▶ Vermögenswerte
freiwill. soz. Leistungen (z. B. betriebl. Altersversorgung)	▶ Lohn- und Gehaltssummen

Bei Kostenstelle:	Schlüssel
Werbeabteilung	▶ Umsätze je Vertriebsgruppe
Reisestelle	▶ abgerechnete Reisekosten

b) Mengenschlüssel:

Die Verteilung nach Mengenschlüsseln (z. B. Zahl-, Zeit-, Raumgrößen)
ist dann zweckmäßig, wenn die Verursachung der Kosten mehr
von der Anzahl der Mengeneinheiten abhängt (z. B. von der Kopfzahl)
oder wenn dieser Schlüssel die Verursachung der Kosten eher trifft
als ein Wertschlüssel und außerdem einfacher zu finden ist.

Beispiele für die Anwendung von Mengenschlüsseln:

Bei Kostenart:	Schlüssel
freiw. soz. Leistungen (z. B. Essenszuschuß)	Kopfzahl aller Mitarbeiter
Telefongebühren	Zahl der Anschlüsse
Stromverbrauch	Anschlußwerte (kW)

Bei Kostenstelle:	Schlüssel
Lohnbüro	Kopfzahl der Arbeiter
Raumkosten	belegte qm
Preßluftanlage	Anzahl der Anschlüsse
Fuhrpark	gefahrene km
soziale Einrichtungen (Betriebsarzt, Kantine)	Kopfzahl aller Mitarbeiter
Personalbüro	Kopfzahl der Angestellten

Die Anwendung von Verteilungsschlüsseln
führt immer nur zu Annäherungsergebnissen,
ist aber weniger aufwendig als die direkte Zuordnung.
Es ist deshalb stets abzuwägen zwischen der *Genauigkeit*
und dem mit der Zurechnung verbundenen *Arbeitsaufwand*
(Prinzip der Wirtschaftlichkeit).
Die Abbildung auf den folgenden Seiten zeigt die Arbeitsschritte
bei der Aufstellung des BAB nochmals im Zusammenhang.

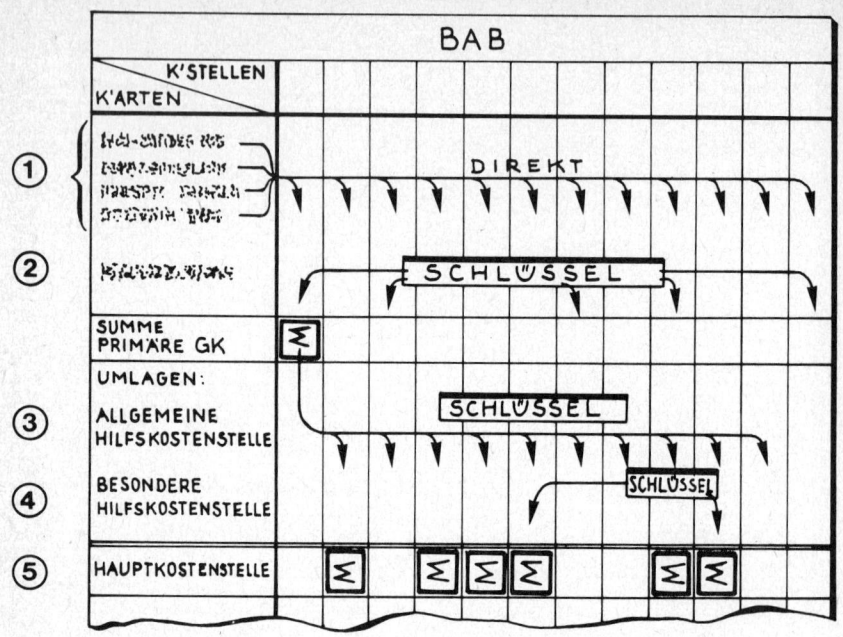

(1) Zuordnung der *direkt* auf die Kostenstellen
zu verrechnenden Gemeinkostenarten

(2) *Schlüsselung* der übrigen Kostenarten,
die sich nicht direkt zuordnen lassen
(z. B. Maschinenstromverbrauch bei der PROD AG)

(3) Umlage der *allgemeinen Hilfskostenstellen*
auf alle anderen Kostenstellen

(4) Umlage der *besonderen Hilfskostenstellen*
auf diejenigen Hauptkostenstellen,
für die sie Leistungen erbracht haben

(5) Bilden der *Endsummen* der Gemeinkosten
auf den Hauptkostenstellen

In der Abschlußübung werden diese Arbeitsgänge nachvollzogen.

1. Durch welche organisatorische Maßnahme ist es möglich,
   in der PROD AG die Gehälter und die Personalnebenkosten
   den Kostenstellen direkt zuzuordnen?
   Durch ....

2. Würden Sie als Kostenrechner bei der PROD AG versuchen,
   die Reisekosten direkt zuzurechnen
   oder würden Sie sich mit einer Schlüsselung
   auf die Kostenstellen begnügen?   direkt zurechnen ◯
   Reisekosten ca. 15 000,– DM/Jahr
   GK-Summe von ca. 600 000,– DM   schlüsseln ◯

   Begründung: ....

3. Welche Anforderungen
   sind an Kostenverteilungsschlüssel zu stellen?
   Die Bezugsgrößen sollen
        a) ....
        b) ....

4. Nach welchen Schlüsseln würden Sie die Kosten
   der folgenden Hilfskostenstellen umlegen,
   wenn nur die genannten Bezugsgrößen greifbar sind?
   Tragen Sie die Nummer der Bezugsgröße
   in das Kästchen hinter der jeweiligen Kostenstelle ein!

   vorhandene Bezugsgrößen:

HILFSKOSTENSTELLE	SCHLÜSSEL
Betriebsarzt	
Werkbücherei	
Heizung	
Werbeabteilung	
Lohnbüro	
Telefonzentrale	

   1 = Kopfzahl der Mitarb. ges.
   2 = Kopfzahl der Arbeiter
   3 = belegte m^3
   4 = Umsatz je Vertriebsgruppe
   5 = Kopfzahl der Angestellten

5. Verteilen Sie die Kosten
   der Kostenstelle »Betriebsrat«
   auf die Kostenstellen nach Kopfzahlen.

BETRIEBSRAT		FERTIGUNG	MAT. LAGER	VERWALTG.	VERTRIEB
DM 60.000.–	KOPFZAHLEN MITARBEITER	200	10	50	40
KOSTEN JE KOPF = ――― =	ZU ÜBER-NEHMENDER ANTEIL AUS K'STELLE BETRIEBSRAT				

1. Durch **Zuordnung der Mitarbeiter auf die Kostenstellen** ist es möglich, die Gehälter und die Personalnebenkosten den Kostenstellen direkt zuzuordnen.

2. Diese Kosten wird man möglichst

     direkt zurechnen

◯

Begründung:
Diese Kostenart bedarf einer **besonderen Überwachung.**
   Eine ganz andere Möglichkeit wäre:
   Schlüsselung und dann
   Kostenüberwachung durch Einzelgenehmigung
   für jede Dienstreise durch die Geschäftsleitung.

3. Kostenverteilungsschlüssel sollen
   a) **leicht zu finden** sein und
   b) **verursachungsgerecht** wirken.

4.

SCHLÜSSEL
1
1
3
4
2
5

Die Zahl der Telefonapparate
und damit die Inanspruchnahme der Telefonzentrale
ist wesentlich abhängig von der Zahl der Angestellten.

5.

BETRIEBSRAT
DM 60.000.-

KOSTEN JE KOPF
$= \dfrac{60.000,-}{300} = 200,-$

FERTIGUNG	MAT. LAGER	VERWALTG.	VERTRIEB
200	10	50	40
200 × 200.-	10 × 200.-	50 × 200.-	40 × 200.-
40.000,-	**2.000,-**	**10.000,-**	**8.000,-**

6. Studieren Sie diesen Abschnitt eines BAB der PROD AG!
   Beantworten Sie unter Hinzuziehung des Übersichtsblattes (0)
   der PROD AG die folgenden Fragen und vervollständigen Sie
   mit den Ergebnissen den abgebildeten BAB!

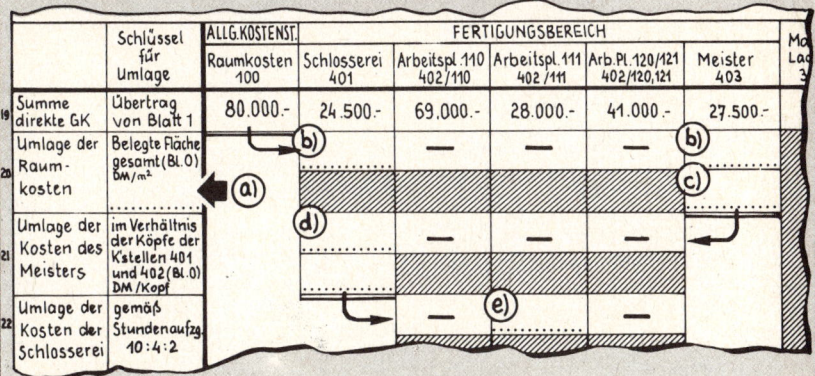

a) Wie hoch sind die
   jährlichen Raumkosten je qm? ....

b) Wieviel an Raumkosten entfallen
   auf die Kostenstelle 401, ...
        wieviel auf 403, ...
   wenn die Raumkosten im Verhältnis der belegten qm verteilt werden?

c) Wie hoch sind die Gesamtkosten
   der Kostenstelle 403
   nach Umlage der Raumkosten? ....

d) Der Meister ist für Schlosserei u. F-Werkstatt zuständig.
   Welchen Kostenanteil muß die K'Stelle 401 von der K'Stelle 403
   (Meister) übernehmen, wenn die Kosten im Verhältnis
   der betreuten Mitarbeiter
   aufgeteilt werden sollen?   ....

e) Die K'Stelle »Schlosserei« ist nur für den Bereich F-Werkstatt tätig.
   Wieviel Kosten muß die K'Stelle 402/111 von der K'Stelle 401
   übernehmen, wenn die Schlosserei laut Stundenaufschreibung
   von den drei Arbeitsplätzen der F-Werkstatt im Verhältnis 10:4:2
   in Anspruch genommen wurde?
   (Bilden Sie zuerst die Summe
   der Kostenstelle 401!)   ....

6.

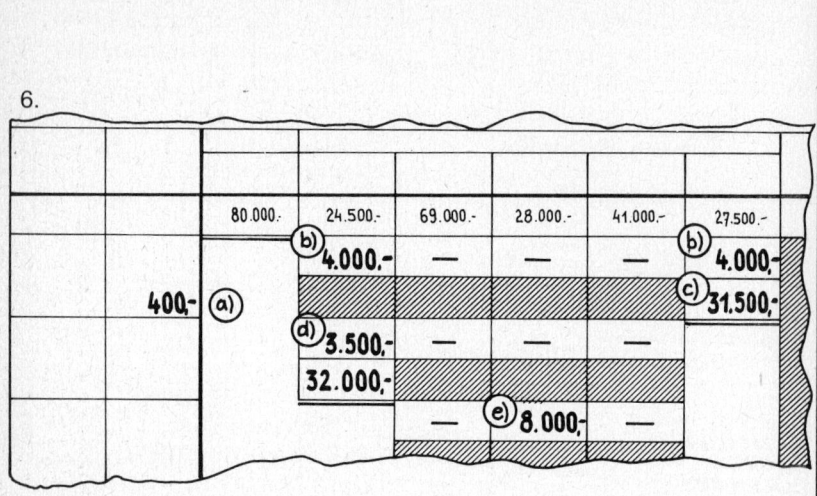

a)
$$80.000 : 200 = 400,- DM$$

b)
$$10 \times 400 = 4.000,- DM$$
$$10 \times 400 = 4.000,- DM \quad \text{für Kostenstelle 401 und Kostenstelle 403}$$

c)
$$31.500,- DM$$

d)
$$31.500 : 9 = 3.500,- DM$$

e)
$$32.000 : 16 = 2.000,- DM$$
$$2.000 \times 4 = 8.000,- DM$$

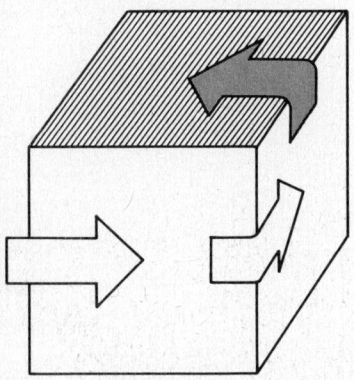

In diesem Abschnitt lernen Sie,
die Kosten den produzierten
Leistungseinheiten zuzuordnen.
Neben der Divisionskalkulation
und der Äquivalenzziffernkalkulation lernen Sie mögliche
Zuschlagsbasen kennen und
Zuschlagssätze zu ermitteln,
so daß Sie in der Lage sind,
eine Zuschlagskalkulation
durchzuführen.
Die Kostenträgerzeitrechnung
rundet das Thema
Vollkostenrechnung ab.
Anschließend werden Sie in die
Deckungsbeitragsrechnung
als einem Verfahren der
Teilkostenrechnung eingeführt.
Im Kapitel »Das Rechnen mit
entscheidungsabhängigen Kosten«
erfahren Sie, wie man
die Wirkung bestimmter Maßnahmen
auf die Gesamtkosten erfaßt.

Modellbetrieb: PROD AG

Unternehmenserfolg und
Kostenrechnung

WAS wird verzehrt,
welche Kosten entstehen
– Kostenartenrechnung –

WO
entstehen die Kosten
– Kostenstellenrechnung –

WOFÜR
entstehen die Kosten
– Kostenträgerrechnung –

Praktisches Beispiel:
Kostenrechnung der PROD AG

Anhang

Die Kostenträgerrechnung im einzelnen

Die Kostenträgerrechnung im einzelnen

Die Aufgaben der Kostenträgerrechnung

Nachdem geklärt ist,
in welchen Kostenstellen
Kosten entstehen,
soll in diesem Kapitel
die Frage untersucht werden,
wofür die Kosten entstehen,
d. h., welchen **Kostenträgern**
sie zuzuordnen sind.

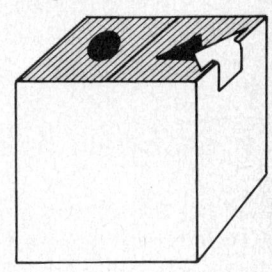

In der Kostenträgerrechnung geht es im Prinzip darum,
die Kosten den *produzierten Leistungseinheiten*
(das sind die einzelnen Produkte, die einzelnen Aufträge oder
die einzelnen Dienstleistungen) zuzuordnen.
Diese Zuordnung nennt man **Kostenträgerstückrechnung**
oder **Kalkulation.**

Die Kosten
einer einzelnen
Leistungseinheit
sind die sog.
Stückkosten.   z. B.:

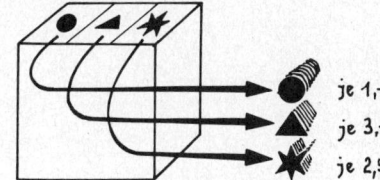

je 1,- DM
je 3,- DM
je 2,50 DM

Werden die Kosten eines Zeitraumes (Quartal, Monat, Jahr)
auf die einzelnen Leistungseinheiten
oder Gruppen von Leistungseinheiten verteilt,
so spricht man
von
Kostenträgerzeitrechnung.

z. B.:

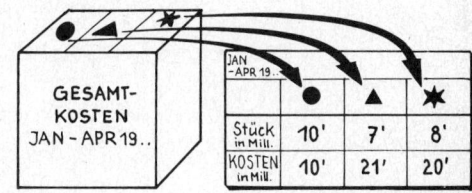

GESAMT-KOSTEN JAN – APR 19..	JAN –APR 19.. ●	▲	✹
Stück in Mill.	10'	7'	8'
KOSTEN in Mill.	10'	21'	20'

Stellt man den *Umsätzen dieses Zeitraumes*
die zugehörigen *Kosten* gegenüber,
so erhält man
die Aufteilung des **Umsatzergebnisses**
auf die Produkte oder Produktgruppen.

JAN – APR 19..			
DM	●	▲	✹
KOSTEN in Mill.	10'	21'	20'
UMSATZ in Mill.	11'	18'	23'
UMSATZERGEBNIS DER PRODUKTGRUPPE	+ 1'	✗ 3'	+ 3'

Innerhalb der Kostenträgerrechnung unterscheidet man
grundsätzlich zwei verschiedene Vorgehensweisen.
Es können entweder

- die **vollen** Kosten einer Periode oder
- nur **ein Teil** der gesamten Kosten

auf den Kostenträger zugerechnet werden.

Werden die vollen Kosten einer Periode berücksichtigt,
so nennt man diese Art der Kostenträgerrechnung **Vollkostenrechnung.**

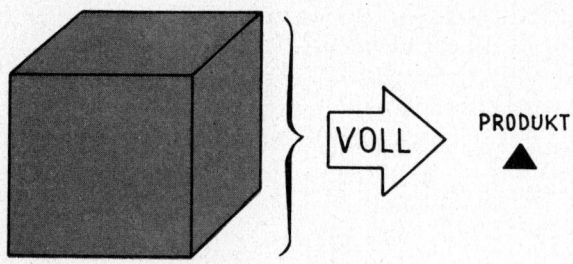

Der Preis der Leistungseinheiten muß
auf längere Sicht betrachtet
die vollen Kosten des Betriebes decken,
nur dann ist seine Existenz gesichert.
Deshalb muß bei der Kostenträgerstückrechnung,
soweit sie der **langfristigen** Preisbeurteilung
und Preisbildung dienen soll,
jede Leistungseinheit mit vollen Kosten belastet werden;
also sowohl mit den Kosten,
die durch das Bereithalten der Produktionsmöglichkeiten entstehen
(z. B. Abschreibung von Maschinen, Verwaltungspersonal)
als auch mit den Kosten,
die durch die Leistungserstellung erst unmittelbar ausgelöst werden
(z. B. Löhne für die Fertigung, Stromkosten für Maschinen).

Die Art der Kostenträgerrechnung,
bei der nur ein Teil der gesamten Kosten
auf das Produkt übergerechnet wird,
heißt **Teilkostenrechnung.**
Diesem Verfahren ist in bestimmten Entscheidungssituationen,
z. B. zum Zweck der **kurzfristigen** Preisbeurteilung, Preisbildung
oder zur Maßnahmenbeurteilung, der Vorrang zu geben.

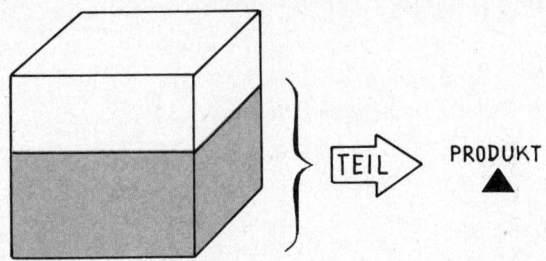

Ein Beispiel:
Ein Unternehmen hat nicht genügend Aufträge erhalten;
es hat nun die Wahl,
entweder mit gedrosselter Produktion zu arbeiten
oder kurzfristig einen auf den ersten Blick unrentablen Auftrag
(d. h. mit niedrigem Preis) zusätzlich anzunehmen.
In diesem Fall
wird das Unternehmen eine Teilkostenrechnung durchführen
und dabei diejenigen Kosten,
die auch ohne diesen zusätzlichen Auftrag anfallen würden,
außer Betracht lassen
(dies sind z. B. Kosten für Heizung, Beleuchtung, Verwaltungspersonal)
und nur diejenigen Kosten einrechnen,
die unmittelbar aus der Abwicklung
des zusätzlichen Auftrages entstehen.

Ob eine Vollkostenrechnung
oder eine Teilkostenrechnung durchgeführt wird,
hängt demnach vom **Verwendungszweck** der Kostenträgerrechnung ab.

Die Kostenträgerstückrechnung oder Kalkulation
(auf Vollkostenbasis)

Mit der Kalkulation werden die **Selbstkosten**
der einzelnen Leistungseinheit (= Stückkosten) ermittelt.
Als Selbstkosten bezeichnet man diejenigen Kosten,
die dem Unternehmen durch die Herstellung
und den Vertrieb des Produkts entstehen.

Stellt man den *Preis je Stück*
und die *Stückkosten* einander gegenüber,
so ergibt sich als Differenz das **Stückergebnis.**

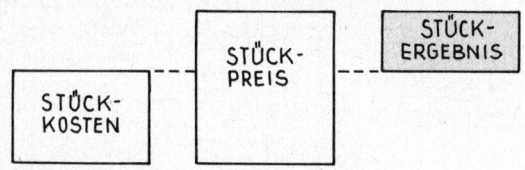

Wenn vom Markt kein Preis vorgegeben ist,
muß bei der Kalkulation zu Angebotszwecken
eine »Preisforderung« ermittelt werden.

Selbstkosten + Erforderliches Ergebnis*) = Angebotspreis

Verkäufer und Kunde müssen sich auf einen Preis einigen,
dadurch findet die **Preisbildung** statt.
Häufig ist jedoch vom Markt ein Preis vorgezeichnet.
In diesem Fall dient die Gegenüberstellung
von Selbstkosten und Verkaufspreisen der **Preisbeurteilung.**

Zunächst sollen in diesem Kapitel
drei prinzipielle Kalkulationsverfahren
der Vollkostenrechnung behandelt werden,

- die **Divisionskalkulation,**
- die **Äquivalenzziffernkalkulation** und
- die **Zuschlagskalkulation.**

Die Auswahl der Verfahren,
die in der Kostenträgerstückrechnung angewandt werden können,
hängt von der **Art der Fertigung** ab.

*) Siehe Kapitel »Bedeutung des Ergebnisses«, Seite 25 ff.

Die Divisionskalkulation

Wenn nur *eine* Art von Produkt erzeugt wird,
ist die Zurechnung der Kosten auf das Produkt relativ einfach.

z. B. bei
einheitlicher Massenfertigung
wie Zementfabrik, Kraftwerk.

Den Gesamtkosten eines Zeitraumes
werden die in diesem Zeitraum
erstellten Leistungseinheiten (Produkte) gegenübergestellt.

Die Kosten werden
durch die Summen der Leistungseinheiten (kg, m, qm, Stück) dividiert.
Daraus ergibt sich der Kostenbetrag je Leistungseinheit.

Kosten je Stück

Diese Art der Kalkulation heißt deshalb auch **Divisionskalkulation.**
Hier nochmals als Formel:

$$\frac{\text{Gesamtsumme der Kosten}}{\text{Gesamtmenge der Leistungseinheiten}} = \text{Stückkosten}$$

Diese Rechnung ist sehr genau und dabei nicht arbeitsaufwendig.
Die Voraussetzungen für die Divisionskalkulation
liegen jedoch selten vor, weil bei Massenfertigung
häufig mehrere Varianten des Produkts (= Sorten) produziert werden.

z. B.: Blech (verschiedene Stärken)
        Nägel (verschiedene Formen und Größen)
        Bier (Vollbier, Märzenbier, Bockbier)

Bei einem Betrieb mit »Sortenfertigung«
ist eine Kalkulationsmethode notwendig,
die etwas mehr differenziert.

135

Die Äquivalenzziffernkalkulation

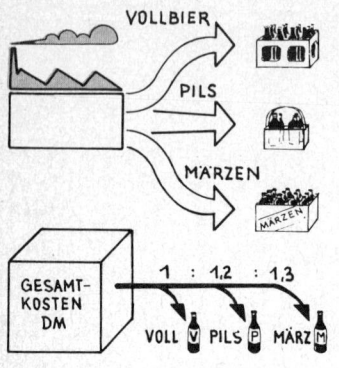

Man spricht von »Sortenfertigung« wenn im wesentlichen gleiches Material zur Herstellung der verschiedenen Produkte verwendet wird und wenn ein ähnliches Herstellungsverfahren angewandt wird.

Die einzelnen Produkte bei Sortenfertigung verursachen geringfügig unterschiedliche Kosten. Die Kostenunterschiede werden durch **Verhältniszahlen** (Äquivalenzziffern) ausgedrückt.

Abweichungen in der Kostenverursachung je Sorte können z. B. liegen

– im Materialverbrauch (unterschiedliche Mengen, unterschiedliche Zusammensetzung, unterschiedliche Qualitäten)
– im Arbeitsaufwand
– in den abgepackten Mengen und in der Verpackungsart.

Bei diesem Verfahren liegt das Problem in der zutreffenden *Ermittlung der Äquivalenzziffern.* Die Richtigkeit der Kalkulation hängt davon ab, ob die Äquivalenzziffern die unterschiedliche Kostenverursachung tatsächlich ausdrücken.

Man kann die Ermittlung der Aquivalenzziffern vereinfachen, wenn man die Kosten (Materialkosten, Kosten für Arbeitseinsatz u. a.) jeweils bei einer Sorte gleich 1 setzt und für die anderen Sorten entsprechende Verhältniszahlen errechnet.

z. B.:

	Sorte 1		Sorte 2		Sorte 3		Sorte 4
Materialeinsatz	**1**	:	1,2	:	0,8	:	2
Arbeitseinsatz	0,8	:	**1**	:	1,5	:	0,9
sonst. Kosten	**1**	:	1	:	1	:	1

Das folgende Beispiel zeigt die Rechenschritte einer Äquivalenzziffernkalkulation.

Ein Betrieb stellt 3 Sorten Getränke her:	Sorte 1	Sorte 2	Sorte 3
Diese 3 Sorten verursachten im Vorjahr pro Stück folgende Kosten:	1,80 DM	2,70 DM	3,60 DM
Daraus wurden die Äquivalenzziffern abgeleitet.	1 :	1,5 :	2
Für das laufende Geschäftsjahr war die Herstellung folgender Mengen geplant:	30 000 l	20 000 l	20 000 l
Die insgesamt anfallenden Kosten sollten DM 180 000,– betragen. Am Ende des Geschäftsjahres wird festgestellt, daß Gesamtkosten in Höhe von 210 000,– DM angefallen sind und daß insgesamt mehr produziert wurde, nämlich:	40 000 l	10 000 l	25 000 l

Nun soll nachträglich ermittelt werden,
wieviel Kosten auf einen Liter entfallen.
Da die verschiedenen Mengen je Sorte die Kosten pro Liter beeinflussen,
müssen sie mit in die Rechnung eingehen.
Man multipliziert jeweils die erzeugte Menge mit der Äquivalenzziffer
und erhält so **Rechnungseinheiten,**
die nur Zwischengrößen darstellen.

	erzeugte Menge	×	Äquival.-Ziff.	=	Rechnungseinheiten
Sorte 1	40 000 l	×	1	=	40 000
Sorte 2	10 000 l	×	1,5	=	15 000
Sorte 3	25 000 l	×	2	=	50 000
					105 000

Aus den Rechnungseinheiten wird die Summe gebildet.
Dann werden die dem Betrieb entstandenen Gesamtkosten
durch diese Summe dividiert
und man erhält die Kosten je Rechnungseinheit:

$$\frac{210\,000,-}{105\,000} = 2,- DM/Rechnungseinheit$$

Nun werden diese Kosten pro Rechnungseinheit
mit den verschiedenen Äquivalenzziffern der Produkte multipliziert
und man erhält die Kosten pro Liter und Sorte.

	DM/RE	×	Äquival.-Ziff.	=	Kosten pro Liter
Sorte 1	2,–	×	1	=	2,– DM
Sorte 2	2,–	×	1,5	=	3,– DM
Sorte 3	2,–	×	2	=	4,– DM

Die dritte Art der Vollkostenkalkulation,
die **Zuschlagskalkulation,**
wird im nächsten Abschnitt behandelt.

Lösen Sie jedoch zunächst die nebenstehenden Fragen
zu den Themen Divisions- und Äquivalenzziffernkalkulation!

1. Handelt es sich bei der Divisionskalkulation
   und der Äquivalenzziffernkalkulation
   um Verfahren der Vollkostenrechnung
   oder werden nur Teile der gesamten Kosten berücksichtigt?

   Vollkostenrechnung ◯

   Teilkostenrechnung ◯

2. Welche Form der Kalkulation
   würden Sie bei einem
   Wasserwerk anwenden?   ....

3. Ein Betrieb stellt 3 Sorten Getränke her.
   Errechnen Sie die Kosten je Getränk
   (Leistungseinheit = Flasche zu 0,5 l).
   Die Gesamtkosten betragen 68 000,– DM.
   (Die Kosten der Flaschen werden gesondert berechnet.)

Äquival.-Ziffern	Kalkulation:	Mengen ✖	Äquival.-Ziffern ＝	Rechn. einheit
2	Fruchtsaft	20 000 Fl.	....	....
1,2	Limonade	30 000 Fl.	....	....
1	Mineralwasser	60 000 Fl.	....	....
			Summe	....

Kosten je Rechnungseinheit:

$$\overline{\qquad\qquad\qquad} =$$

....

	DM/RE ✖	Äquival.-Ziffern ＝	Kosten pro Flasche
Fruchtsaft	....	....	....
Limonade	....	....	....
Mineralwasser	....	....	....

1.

 Vollkostenrechnung

2. Man würde die
Divisionskalkulation anwenden,
da nur ein einziges Gut bearbeitet bzw. verteilt wird.

3. Kalkulation:

	Mengen	**✗** Äquival.-Ziffern	**=** Rechn. einheit
Fruchtsaft	20 000 Fl.	2	40.000,-
Limonade	30 000 Fl.	1,2	36.000,-
Mineralw.	60 000 Fl.	1	60.000,-
		Summe	136.000,-

$$\frac{68.000}{136.000} = 0{,}5 \, DM$$

	DM/RE	**✗** Äquival.-Ziffern	**=** Kosten pro Flasche
Fruchtsaft	0,5	2	1,- DM
Limonade	0,5	1,2	-,60 DM
Mineralw.	0,5	1	-,50 DM

Die Zuschlagskalkulation

Bei einem Betrieb,
der viele Arten unterschiedlichster Produkte herstellt,
sind die Verfahren der Divisionskalkulation
oder der Äquivalenzziffernkalkulation nicht anwendbar.

Bei *Serienfertigung* oder *Einzelfertigung* z. B.
muß differenziert vorgegangen werden,
da sich die Erzeugnisse im Materialeinsatz,
in der Arbeit, in der Art der Arbeitsplätze, die sie beanspruchen,
in der Art der Herstellungsverfahren usw. stark unterscheiden.

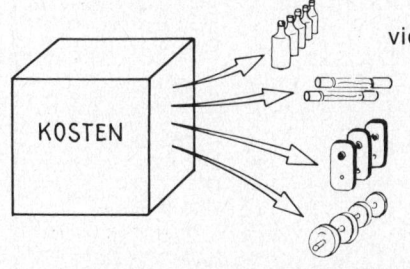

viele Arten von Produkten

z. Teil als
Serienfertigung

z. Teil als
Einzelfertigung

Die Zurechnung der Kosten auf die Kostenträger
ist in diesem Fall relativ schwierig.
Sie kann nur mit Hilfe der **Zuschlagskalkulation** vorgenommen werden.

Dabei werden die **Einzelkosten** (Fertigungsmaterial/Fertigungslöhne)
direkt auf die Produkte verteilt,
während die **Gemeinkosten** als *prozentuale Zuschläge* indirekt
zugeordnet werden (s. auch Seite 51).

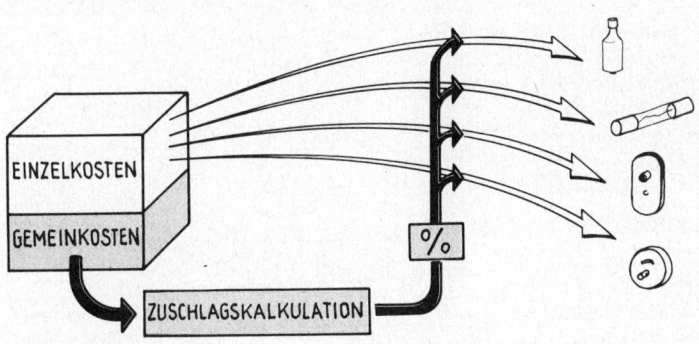

Um möglichst verursachungsgerecht zuzuordnen,
werden die Gemeinkosten über die Kostenstellenrechnung
nach Kostenbereichen und Kostenstellen
(u. U. nach Arbeitsplätzen) gegliedert.
Die unterschiedliche Inanspruchnahme der Kostenstellen
durch die Leistungseinheiten läßt sich dann eher berücksichtigen.

Die so gegliederten Gemeinkosten
lassen sich bestimmten Zuschlagsbasen zuordnen,
die die Kostenverursachung in gewissem Umfang ausdrücken;
man kann die Beziehung zwischen ihnen
in einem Prozentsatz ausdrücken.

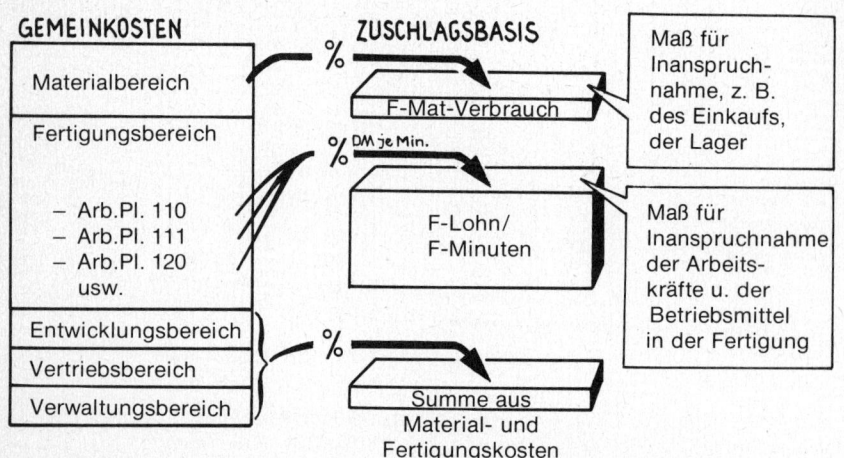

Ein Beispiel:
In einem Unternehmen betragen die Gemeinkosten für Einkauf
und Lagerhaltung, also die Material-Gemeinkosten (MGK), 1'0.
Im Jahr wird Fertigungsmaterial im Wert von 10' Mio. verbraucht.
Die Gemeinkosten des Materialbereichs betragen demnach
10 % des Fertigungs-Materialverbrauchs.
Die Fertigungswerkstatt hatte während der gleichen Zeit
8'0 Mio. Gemeinkosten.
Es wurden 4'0 Mio. Fertigungslöhne gezahlt.
Die Fertigungs-Gemeinkosten (FGK)
betragen demnach 200 % der Fertigungslöhne.

Einem Produkt, bei dem für	3,– DM Fertigungsmaterial	
und	10.– DM Fertigungslöhne	*anfallen,*
müssen noch 10 % auf 3,– =	–,30 als MGK	*und*
200 % auf 10,– =	20,– als FGK	*,verrechnet*
		werden.

Die folgende Abbildung zeigt,
wie eine **Stückkostenermittlung**
mit Hilfe der Zuschlagskalkulation durchgeführt wird:

Die Einzelkosten für **Fertigungsmaterial (F-Mat)** können
aus der Stückliste, die für **Fertigungslohn (F-Lohn)**
aus dem Arbeitsplan abgeleitet werden
(vorgegebene Menge × Preis je Mengeneinheit).

F-Mat und F-Lohn bilden zugleich die Zuschlagsbasis
für die Zurechnung der **Material-Gemeinkosten (MGK),**
bzw. der **Fertigungs-Gemeinkosten (FGK)** auf den Kostenträger.

Aus F-Mat, MGK, F-Lohn und FGK
wird eine Zwischensumme gezogen = Summe **Herstellkosten.**
Diese Herstellkosten bilden wiederum die Zuschlagsbasis
für die Verrechnung der übrigen Gemeinkosten,
das sind **Vertriebs- (VtrGK), Verwaltungs- (VGK)**
und **Entwicklungs-Gemeinkosten (EGK).**

Als Ergebnis der Kalkulation
erhält man die **Selbstkosten** für das kalkulierte Produkt,
also die Kosten, die dem Unternehmen selbst entstehen
(ohne Berücksichtigung eines Gewinnzuschlages).

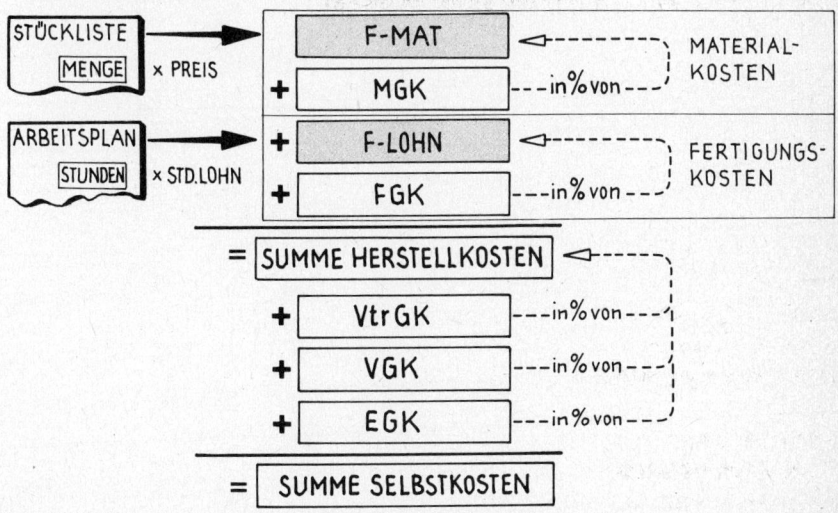

Ein Beispiel:

Es soll ein Produkt »Sechseck« ⬢ *kalkuliert werden.*
Laut Stückliste wird Material im Wert von DM 20,– benötigt.
Der Fertigungslohn beträgt insgesamt DM 10,–.

Es wurden folgende Gemeinkosten-Zuschlagssätze ermittelt:

MGK	10 %	auf F-Mat
FGK	200 %	auf F-Lohn
VtrGK	10 %	auf Herstellkosten
VGK	10 %	auf Herstellkosten
EGK	5 %	auf Herstellkosten

Daraus ergibt sich folgende Kalkulation:

PRODUKT "SECHSECK" ⬢	
F-Mat	20,—
+ MGK	2,—
+ F-Lohn	10,—
+ FGK	20,—
= Herstellkosten	52,—
+ VtrGK	5,20
+ VGK	5,20
+ EGK	2,60
= Selbstkosten	65,—

1. Zur Kalkulation der Produkte eines Betriebes,
   der viele verschiedene Arten von Produkten herstellt,
   verwendet man die .... -Kalkulation

2. Bei dieser Kalkulationsmethode
   werden die verschiedenen Gemeinkosten
   als prozentuale Aufschläge auf eine Basis errechnet.
   Eine solche Basis nennt man
   ....

3. Kreuzen Sie die Kosten an,
   die zusammengerechnet die Herstellkosten ergeben!

   Fertigungsmaterial   ◯

   Material-Gemeinkosten   ◯

   Fertigungslohn   ◯

   Fertigungs-Gemeinkosten   ◯

   Vertriebs-Gemeinkosten   ◯

   Verwaltungs-Gemeinkosten   ◯

   Entwicklungs-Gemeinkosten   ◯

4. Vervollständigen Sie die folgende Zuschlagskalkulation:

Verzeichnis der Zuschlagssätze

| MGK 5 % |
| FGK 100 % |
| VtrGK 10 % |
| VGK 20 % |
| EGK 10 % |

F-Mat	10,–
MGK	....
F-Lohn	8,–
FGK	....
Herstellkosten	....
VtrGK	....
VGK	....
EGK	....
Selbstkosten	....

1.

Zuschlagskalkulation.

2. **Zuschlagsbasis**

3.

 Fertigungsmaterial

 Material-Gemeinkosten

 Fertigungslohn

☒ Fertigungs-Gemeinkosten

○

○

○

4.

10,–	
–,50	(5 % auf F-Mat)
8,–	
8,–	(100 % auf F-Lohn)
26,50	
2,65	(10 % auf Herstellkosten)
5,30	(20 % auf Herstellkosten)
2,65	(10 % auf Herstellkosten)
37,10	

Die Zuschlagsbasis

Die Gemeinkosten können über eine **Wertbasis** als **Zuschlagssatz**
oder eine **Mengenbasis** als **Verrechnungssatz**
auf die Leistungseinheit verrechnet werden.

Die folgende Tabelle stellt den verschiedenen Arten von Gemeinkosten
die möglichen Zuschlagsbasen bzw. Verrechnungsbasen gegenüber:

GEMEINKOSTEN	MÖGLICHE ZUSCHLAGSBASIS	MENGENBASIS (M) WERTBASIS (W)
Material-Gemeinkosten (MGK)	Fertigungs-Materialverbrauch	W (Zuschlagssatz)
Fertigungs-Gemeinkosten (FGK)	Fertigungslohn oder Fertigungsminuten oder Maschinenstunden	W (Zuschlagssatz) M (Verrechnungssatz) M (Verrechnungssatz)
Gruppengemeinkosten – Verwaltungs-GK – Vertriebs-GK – Entwicklungs-GK	} Herstellkosten	W (Zuschlagssatz)

Besonders bei den **Fertigungs-Gemeinkosten** (FGK)
hängt die Wahl der Zuschlagsbasis sehr stark
von der Struktur der Gemeinkosten ab.

■ Ist der Anteil der *Personalkosten* in den FGK
(z. B. Urlaubslöhne, Zeitlöhne, Personalnebenkosten) hoch,
so ist die Basis *Fertigungslohn* sinnvoll,
da bei Lohnerhöhungen auch die Fertigungs-Gemeinkosten
entsprechend mitsteigen.

■ Ist dagegen der Anteil der *maschinenabhängigen FGK* sehr hoch,
ist es präziser,
die Basis *Maschinenminuten* bzw. *-stunden* zu verwenden.
Maschinenabhängige FGK sind z. B. kalkulatorische Abschreibungen und
Zinsen, Raumkosten, Instandhaltung, Energie, Betriebsstoffverbrauch.

■ Die Mehrzahl der Betriebe wird die FGK
auf die *Fertigungsminuten* (= Vorgabezeit) beziehen.
Diese Daten liegen bereits vor (Arbeitspläne).
Durch Lohnerhöhungen ändert sich diese Basis nicht.
In vielen Fällen decken sich die Vorgabezeiten
auch mit den Maschinenlaufzeiten.
Die Verrechnungssätze für die FGK je F-Minute
werden auch als »FGK-Faktoren« bezeichnet.

Auf welche Basis zweckmäßiger Bezug genommen wird,
um die verursachungsgerechte Verrechnung der Kosten zu bewirken,
muß im Einzelfall geprüft werden.
Wichtig ist, daß die gewählte Zuschlagsbasis
und die errechneten Zuschlagssätze über eine gewisse Zeit
(z. B. für ein Geschäftsjahr) aus Gründen der Vergleichbarkeit
unverändert gelassen werden können.

Wenn man ganz präzise arbeiten will,
kann man die personalabhängigen und die maschinenabhängigen GK
getrennt erfassen und getrennt über Fertigungslohn (personalabh.)
und Maschinenminuten (maschinenabh.) überrechnen.

Dieses Verfahren der getrennten Berechnung
ist etwas komplizierter und soll deshalb im folgenden
besonders behandelt und durch Beispiele verdeutlicht werden.

Verrechnung der Fertigungs-Gemeinkosten über Maschinenminutensätze

Bei Arbeitsplätzen,
die einen besonders geringen Anteil an Personalkosten haben
(z. B. bei automatischen Anlagen), ist es richtiger,
die gesamten FGK auf die Maschinenarbeitszeit zu beziehen.

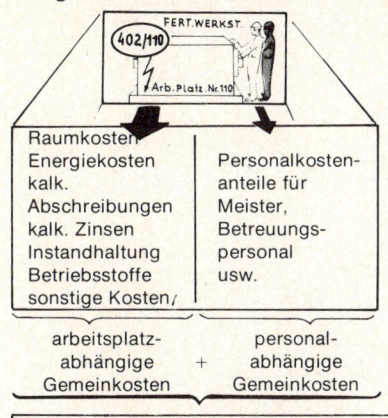

Raumkosten
Energiekosten
kalk.
Abschreibungen
kalk. Zinsen
Instandhaltung
Betriebsstoffe
sonstige Kosten

Personalkosten-
anteile für
Meister,
Betreuungs-
personal
usw.

arbeitsplatz-
abhängige
Gemeinkosten + personal-
abhängige
Gemeinkosten

Diese Art der Kostenzurechnung
auf die Produkte nennt man
**Kalkulation mit Maschinenstunden-
bzw. Maschinenminuten-Sätzen.**
Hier wird ein Gemeinkostensatz
je Zeiteinheit
(Maschinenstunde,
Maschinenminute)
gebildet.

$$\frac{\text{Summe Arbeitsplatzkosten}}{\text{Maschinenlaufzeit in Minuten}} = \textbf{Maschinenminutensatz}$$

Für die Kalkulation muß dann die zeitliche Inanspruchnahme
des Arbeitsplatzes je Leistungseinheit (= Maschinenminuten)
besonders ermittelt werden.
Die Fertigungs-Gemeinkosten je Kostenträger
errechnen sich in der Kalkulation dann folgendermaßen:

Maschinenminuten $\times$ Maschinenminutensatz = Fertigungs-Gemeinkosten

Ein Beispiel:
*Die einzige Bearbeitung eines Produkts wird von einem Automaten
bei einer Durchlaufzeit von 2 Minuten vorgenommen.
Der Maschinenminutensatz beträgt DM 1,60.
Durch Multiplikation der Maschinenminuten mit dem Maschinen-
minutensatz ergeben sich die FGK: 2 x 1,60 = 3,20 DM/Stück.*

*Die Stückkalkulation
könnte in diesem Fall
so aussehen:*

Kalkulation (Auszug)		
F-Mat	DM	11,—
MGK	DM	2,20
F-Lohn	DM	–,—
FGK	DM	3,20

Getrennte Verrechnung von personalabhängigen GK und Arbeitsplatz-GK

Personalabhängige Gemeinkosten und Arbeitsplatz-Gemeinkosten
können auch, wenn es betriebswirtschaftlich sinnvoll ist,
getrennt verrechnet werden.
In diesem Fall bietet es sich an,
die personalabhängigen GK als %-Zuschlag
auf den F-Lohn,
die Arbeitsplatz-GK über Maschinenminuten zu kalkulieren.

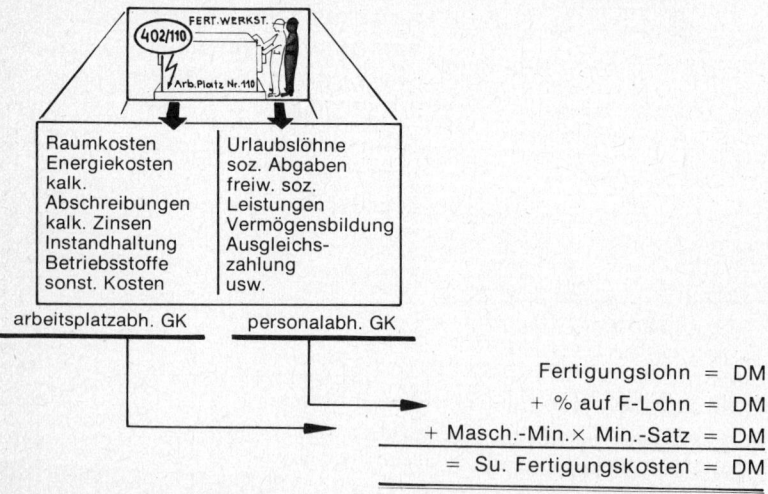

Fertigungslohn	=	DM
+ % auf F-Lohn	=	DM
+ Masch.-Min.× Min.-Satz	=	DM
= Su. Fertigungskosten	=	DM

Auch hierzu ein Beispiel:
Die personalabhängigen FGK betragen 80% des F-Lohnes,
der F-Lohn ist DM 4,–. Die Bearbeitung eines Produktes
dauert 15 Minuten, der FGK-Minutensatz ist DM 2,–.
Daraus werden die Fertigungskosten folgendermaßen errechnet:

Dieses Verfahren ist
arbeitsaufwendiger,
aber genauer.
Bei der Auswahl der Verfahren
ist abzuwägen

Fertigungslohn	*DM 4,—*
+ *personalabh. GK (80%)*	*DM 3,20*
+ *arbeitsplatzabh. GK*	*DM 30,—*
= *Su. Fertigungskosten*	*DM 37,20*

zwischen Arbeitsaufwand und erwünschter Genauigkeit
(Prinzip der Wirtschaftlichkeit).

1. Welche Basis bietet sich zur Errechnung
   der aufgeführten Gemeinkosten an?
   Ordnen Sie die Buchstaben entsprechend zu!

   Vertriebs-GK ☐

   Zuschlags-/Verrechnungsbasis:

   Material-GK ☐

   a Fertigungs-Material

   Entwicklungs-GK ☐

   b Fertigungsminuten

   c Herstellkosten

   Fertigungs-GK ☐

   Verwaltungs-GK ☐

2. In welchem der folgenden Fälle würden Sie
   die FGK auf die Basis »F-Lohn« (F) beziehen
   und in welchem würden Sie auf »Maschinenminuten« (M) kalkulieren?

   – der Anteil der personalabhängigen Kosten in den FGK ☐
     ist sehr hoch
   – der Anteil der maschinenabhängigen FGK ist sehr hoch ☐

3. Errechnen Sie die FGK eines Produktes über Maschinenminuten!
   Bearbeitungszeit   = $2\frac{1}{2}$ Min.
   Maschinenminutensatz = 2,— DM
   Fertigungs-Gemeinkosten je Stück =

   ....

4. Es ist eine getrennte Berechnung von personalabhängigen GK
   und Arbeitsplatz-GK durchzuführen.
   Als personalabhängige GK sollen 60 % auf den F-Lohn
   einkalkuliert werden.
   Der F-Lohn beträgt DM 2,–.
   Die Bearbeitung dauert 10 Minuten
   bei einem Maschinenminutensatz von DM 1,50.

   Errechnen Sie
   die Herstellkosten!

KALKULATION	DM
F-Mat	3,20
MGK (10 %)	–,32
F-Lohn	....
personalabh. FGK	....
arbeitsplatzabh. FGK	....
Herstellkosten	....

1.

c
a
c
b
c

2.

F
M

3.

$$2\tfrac{1}{2} \times 2.- = 5\,DM$$

4.

DM	KALKULATION
3,20	F-Mat
–,32	MGK (10 %)
2.–	F-Lohn
1,20	personalabh. FGK
15.–	arbeitsplatzabh. FGK
21,72	Herstellkosten

Am Beispiel der PROD AG soll ein typisches Kalkulationsblatt
für eine **Zuschlagskalkulation** gezeigt werden.
Hier werden folgende Bezugsbasen verwendet:

Zuschlagsbasis für Material-Gemeinkosten:	**F-Mat-Verbrauch**
Verrechnungsbasis für Fertigungs-Gemeinkosten:	**Fertigungsminuten**
Zuschlagsbasis für Gruppengemeinkosten:	**Herstellkosten**

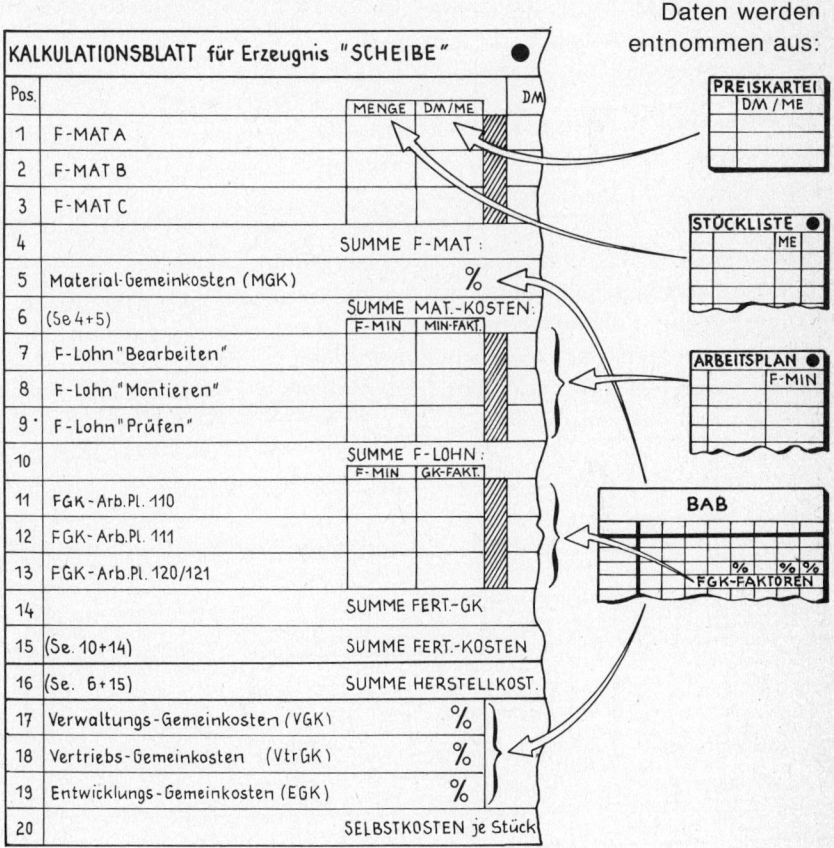

In Position 20 des Kalkulationsblattes
werden die Selbstkosten des kalkulierten Produktes ermittelt.

Wenn die Stückkalkulation zum Zwecke der *Preisfindung*
vorgenommen wird,
reicht die Kenntnis der Selbstkosten allein nicht aus.
Der Preis für das Angebot muß so gewählt werden,
daß er einen **Gewinn** einschließt.
Die Produkte der PROD AG werden mit einem Prozentsatz
von 10 % auf die Selbstkosten kalkuliert,
um das »erforderliche Ergebnis« zu erhalten
(5 % für Ertragssteuer, 5 % für Dividende und Rücklagen).

Mit der Divisionskalkulation, der Äquivalenzziffernkalkulation
und der Zuschlagskalkulation sind nunmehr
die wichtigsten Kalkulationsmethoden
der Vollkostenrechnung beschrieben worden.
Bisher wurden in den Beispielen die %-Zahlen
für die Zuschläge *vorgegeben*.
Wie diese ermittelt werden,
erfahren Sie im Kapitel »Ermittlung der Zuschlagssätze«.

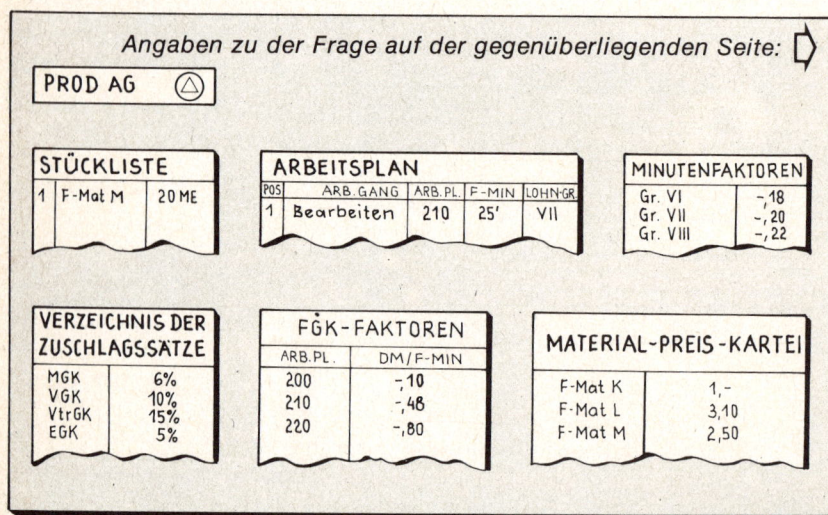

1. Die PROD AG hat ein neues Produkt entwickelt;
   sie will auf eine Kundenanfrage hin ein Preisangebot machen.
   Errechnen Sie aufgrund der
   auf der linken Seite vorliegenden Informationen
   die Selbstkosten für das Erzeugnis »Viereck«.
   Welchen Preis müßte die Vertriebsabteilung verlangen?

KALKULATIONSBLATT für Erzeugnis "VIERECK" ■					PROD AG △
Pos.		MENGE	WERT	DM	DM
1	F-MAT M	....	....	....	
2	MGK		%	....	
3	I. MATERIALKOSTEN				....
4	F-Lohn "Bearbeiten"	F-MIN	MIN-FAKTOR		
5	FGK · Arb.Pl. 210		FGK-FAKTOR		
6	II. FERTIGUNGSKOSTEN				....
7	III. HERSTELLKOSTEN (I+II)				....
8	Verwaltungs-Gemeinkosten (VGK)			%	....
9	Vertriebs-Gemeinkosten (VtrGK)			%	....
10	Entwicklungs-Gemeinkosten (EGK)			%	....
11	IV. SELBSTKOSTEN				
12	Erforderliches Ergebnis (10% v. Selbstkosten)				
13	Preisvorstellung für das Angebot (ohne Mwst.)			gerundet	

1.

POS		MENGE	WERT	DM	DM
1		20	2,50	50,-	
2			6 %	3,-	
3					53,-
		F-MIN	MIN-FAKTOR		
4		25'	-,20	5,-	
5		25'	-,48	12,-	
6					17,-
7					70,-
8				10 %	7,-
9				15 %	10,50
10				5 %	3,50
11					91,-
12					9,10
13					100,00

Das Kostenverhalten bei Änderung der Leistungsmenge

Bevor die Ermittlung der Zuschlagssätze beschrieben werden kann, ist es notwendig, das Verhalten der Kosten bei **Änderung der ausgebrachten Leistungsmenge** zu untersuchen.

Für diesen Vorgang,
daß ein Unternehmen zu einem bestimmten Zeitpunkt
aus den unterschiedlichsten Gründen
mehr oder weniger produziert als vorher,
gibt es in der Betriebswirtschaft eine Reihe von Ausdrücken,
die alle dieselbe Bedeutung haben,
was jedoch oft zur Verwirrung des Laien führt.

Die wichtigsten seien hier aufgeführt:

Änderung der ausgebrachten Leistungsmenge,
Änderung der Ausbringung,
Änderung der Beschäftigung,
Änderung des Beschäftigungsgrades oder
Änderung der Auslastung.

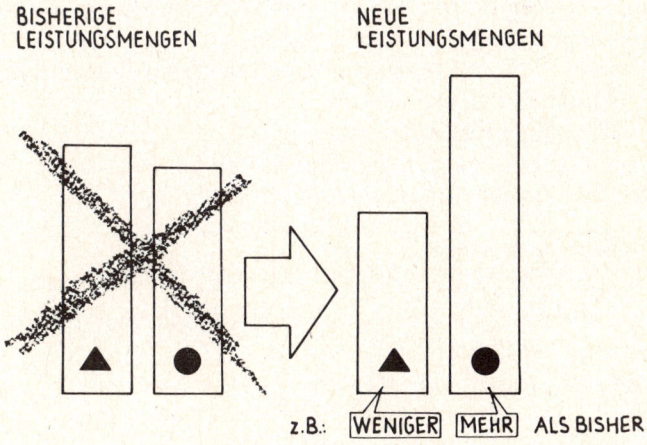

Kosten reagieren auf die Änderung der ausgebrachten Leistungsmenge unterschiedlich:

1	**Die Kosten bleiben trotz Änderung der ausgebrachten Leistungsmenge unverändert.**

Diese Kosten werden als **fixe Kosten** bezeichnet.
Es sind die Kosten der »Betriebsbereitschaft«, d. h.,
die Kosten, die anfallen,
damit der Betrieb überhaupt funktionieren kann
(unabhängig davon, ob und wieviel produziert und verkauft wird).
Für diese »**bereitschaftsabhängigen Kosten**« wird künftig
die Abkürzung **BAK** verwendet.

Ein Beispiel:
Die Gehälter der Angestellten bleiben gleich hoch,
egal, ob viel oder wenig produziert wird.

Abschreibungen auf Anlagen und kalkulatorische Zinsen
gehören ebenfalls zu den BAK.

Ob sich die genannten Kosten
an Änderungen der Leistungsmenge anpassen können,
hängt vom **Betrachtungszeitraum** ab.
Sinkt die Ausbringung nur für kurze Zeit ab,
so wird man nicht sofort regulierende Maßnahmen ergreifen können.
Fast alle Kosten sind dann fix (außer F-Mat).
Sinkt die Ausbringung dagegen über einen längeren Zeitraum ab,
müssen und können fast alle Kosten
an die Veränderung angepaßt werden.
Wie starr die Kosten sind, d. h., welche Kosten fix sind,
ist also von dem Betrachtungszeitraum abhängig.

2	**Die Kosten ändern sich durch die Änderung der ausgebrachten Leistungsmenge.**

Kosten, die sich mit der Änderung der Ausbringung ändern,
werden als **variable Kosten**
oder als »**leistungsabhängige Kosten**« – **LAK** – bezeichnet.

Variable Kosten sind z. B.:
Löhne in der Fertigung, Materialverbrauch für die Fertigung,
Energiekosten für Maschinen.

Die Gesamtkosten setzen sich immer
aus fixen und variablen Kosten zusammen.

Gesamtkostenverlauf:

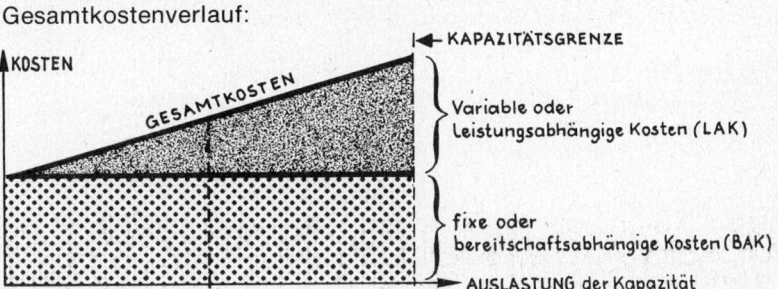

Aus der Darstellung wird deutlich,
daß bei jedem Auslastungsgrad der Kapazität
(Kapazität ist das Leistungsvermögen des Betriebes pro Zeiteinheit)
die Kostensumme verschieden ist, d. h.,
**Planung und Beurteilung der Gesamtkosten können nie
ohne Beachtung des jeweiligen Auslastungsgrades geschehen.**
Zu erkennen ist auch, daß das Verhältnis von LAK : BAK
bei jedem Auslastungsgrad unterschiedlich ist.

Die Änderung
der leistungsabhängigen Kosten (LAK) kann

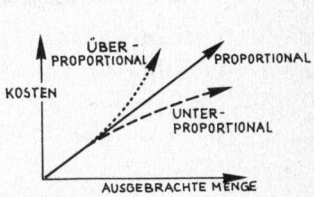

■ proportional
■ überproportional
■ unterproportional

zur Änderung der ausgebrachten Leistungsmenge sein.

Beispiele:

– *Die Kosten für Fertigungsmaterial werden in der Regel
proportional steigen, denn wenn z. B. mehr produziert wird,
wird entsprechend mehr Material verarbeitet.*

– *Lohnkosten steigen von einem bestimmten Punkt an überproportional,
wenn Überstundenzuschläge bezahlt werden müssen.*

– *Materialkosten können u. U. unterproportional steigen,
wenn bei Abnahme größerer Mengen Rabatte gewährt werden.*

Zeichnet man in das Diagramm der Gesamtkosten
noch die Gesamterlöse (verkaufte Leistungsmenge × Preis) ein,
so lassen sich einige interessante Erkenntnisse ableiten,
die für die Analyse des Betriebsergebnisses wichtig sind.

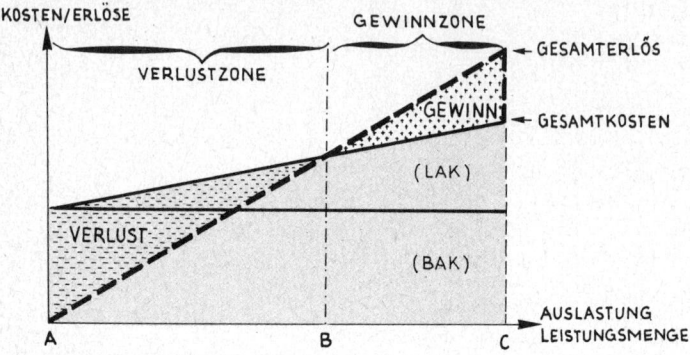

1) Wenn der Betrieb ruht (Punkt A), fallen die BAK voll an,
   es gibt keine Erlöse,
   der Fertigungsverlust ist so hoch wie die BAK.

2) Wenn der Betrieb die Leistungsmenge bei Punkt B erreicht,
   sind Gesamtkosten und Gesamterlöse gleich (Fertigungsergebnis = 0).

3) Bei Leistungsmengen größer als bei Punkt B (Gewinnschwelle)
   beginnt der Betrieb, mit Gewinn zu arbeiten.
   Der Gewinn steigt an,
   bis die volle Auslastung erreicht ist.

Hieraus sollten folgende Erkenntnisse gewonnen werden:

— Das Ergebnis eines Betriebes hängt nicht nur
  vom **Kosten-** und **Preisniveau,** sondern in erheblichem Umfang
  auch von der **Höhe der Auslastung** ab.

— Je höher der Anteil der fixen Kosten ist,
  um so stärker wirkt sich ein Beschäftigungsrückgang
  auf das Ergebnis aus.
  Betriebe mit *hohen BAK* müssen deshalb in ihrer Vertriebspolitik
  (z. B. bei der Preisgestaltung) auf *hohe Auslastung* hinarbeiten
  (vgl. Sondertarife für Nachtstrom, Abendgespräche
  bei Telefongebühren).

1. Kosten verhalten sich
   bei Änderung der Auslastung eines Betriebes unterschiedlich.

   Man unterscheidet zwischen Kosten,
   die bei Änderung der Ausbringung unverändert bleiben
   (fixe Kosten)
   und Kosten, die sich verändern (variable Kosten).

   Ordnen Sie zu!

   Betrachtungszeitraum $1/2$ Jahr:

	fixe Kosten	variable Kosten
kalk. Zinsen	◯	◯
Gehälter der Angestellten	◯	◯
Energieverbrauch	◯	◯
kalk. Abschreibungen	◯	◯
Fertigungsmaterial-Verbrauch	◯	◯

2. Fixe Kosten bezeichnet man auch als

   ....Kosten oder kurz ....

   Variable Kosten heißen auch

   .... Kosten oder ....

3. Welche Einflußgrößen wirken auf das Betriebsergebnis u. a.?

   a) ....

   b) ....

   c) ....

1.

fixe Kosten	variable Kosten	
⊗	◯	kalk. Zinsen
⊗	◯	Gehälter der Angestellten (mindestens so lange fix, wie Dauer der Kündigungsfrist)
◯	⊗	Energieverbrauch
⊗	◯	kalk. Abschreibungen
◯	⊗	Fertigungsmaterial-Verbrauch

2. Fixe Kosten bezeichnet man als
bereitschaftsabhängige Kosten oder kurz **BAK.**
Variable Kosten heißen auch
leistungsabhängige Kosten oder **LAK.**

3.   a) **Kostenniveau**

   b) **Preisniveau**

   c) **Auslastung**

Die Ermittlung der Zuschlagssätze für die Kalkulation

Nach dem kurzen Ausflug
zum Kostenverhalten bei Änderung der Leistungsmenge,
der für das Verstehen der weiteren Ausführungen erforderlich war,
soll nun wieder das eigentliche Thema,
die **Zuschlagskalkulation,** behandelt werden.

Wie die Gemeinkosten den Kostenträgern zugeordnet
und welche Zuschlagsbasen meist verwendet werden,
wurde in einem vorangegangenen Kapitel erläutert.
Die Zuschlagssätze wurden bisher immer vorgegeben.
Dieses Kapitel soll nun aufzeigen,
wie die dabei verwendeten prozentualen Zuschlagssätze
ermittelt werden.

Zuschlagssätze bzw. Verrechnungssätze müssen
– vom Zeitpunkt der Errechnung aus gesehen –
für die *Zukunft* gelten.

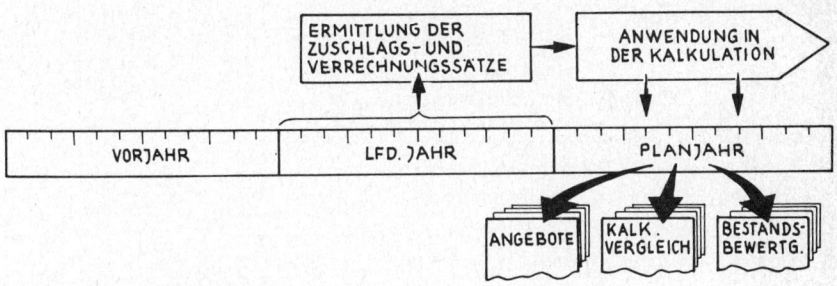

Da die Zuschlagskalkulation u. a. dazu verwendet wird,
um Angebotspreise zu machen, Kalkulationsvergleiche vorzunehmen
oder Bestandsbewertungen bei Erzeugnissen durchzuführen,
müssen die Zuschlagssätze
aus vorliegenden Erfahrungswerten der Vergangenheit gebildet
und auf die zukünftige Situation hin geplant werden.

Es wäre falsch, bei der Ermittlung der Zuschlagssätze
einfach von Durchschnittswerten der Vergangenheit
(Ist-Werten) auszugehen.
Das soll kurz begründet werden.

Die Gesamtkosten eines Betriebes
sind im wesentlichen von folgenden Faktoren abhängig:

- **Art und Struktur der hergestellten Leistung** (Produktspektrum)
  Es leuchtet sicher ein, daß die Herstellung von Brillengestellen
  andere Kosten verursacht als die Herstellung von Fotoapparaten
- **Leistungsmenge**
  (vgl. »Kostenverhalten bei Änderung der Leistungsmenge«)
- **Preis** der eingesetzten Kostengüter (Std.-Löhne, Einstandspreise usw.)
- **Produktionsverfahren** (hohe Mechanisierung, Rationalisierung usw.)

Alle diese Faktoren ändern sich im Ablauf der Zeit ständig,
so daß es nicht richtig sein kann, die Daten der Vergangenheit
einfach unverändert für die Zukunft zu übernehmen.

Um Kosten zu planen und daraus Zuschlagssätze zu errechnen,
müssen erst Vorstellungen über diese Kostenfaktoren gewonnen
und in die Zukunft projiziert werden.

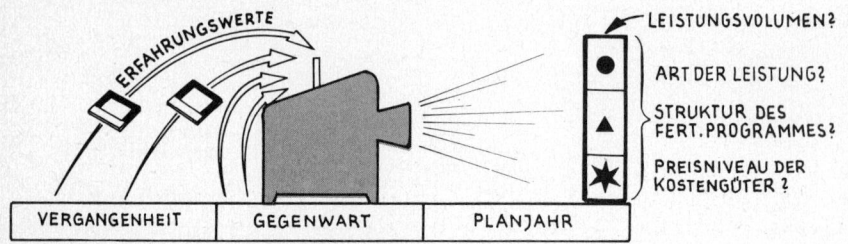

Wie wichtig vor allem Vorstellungen
über das richtige Leistungsvolumen
bei der Ermittlung der Zuschlagssätze sind,
soll aus dem folgenden Beispiel deutlich werden.

Ein Beispiel:

*Ein Betrieb hat jährlich 200 000,– bereitschaftsabhängige Kosten,
die leistungsabhängigen Kosten betragen 1,– DM pro Stück.*

Der Betrieb kann 100 000 Stück pro Jahr herstellen (= Kapazität).

*Es sollen die Gemeinkosten-Zuschlagssätze bei Ausbringungsmengen
von a) 20 000, b) 50 000 und c) 100 000 Stück errechnet werden.*

*In diesem Beispiel soll zur Vereinfachung davon ausgegangen werden,
daß alle bereitschaftsabhängigen Kosten Gemeinkosten sind
und alle leistungsabhängigen Kosten Einzelkosten.*

164

Stellt man diese Zahlen grafisch dar, so ergibt sich folgendes Bild:

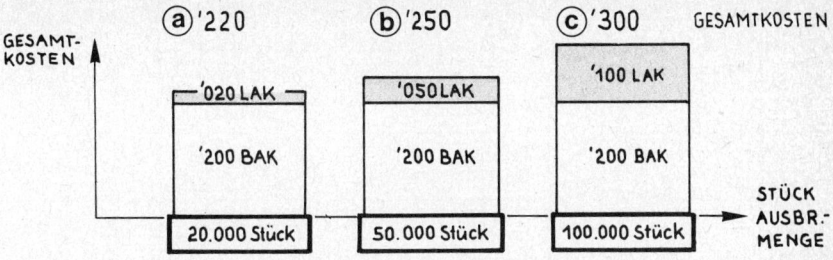

Man könnte nun einen Gemeinkosten-Zuschlagssatz errechnen,
der alle Gemeinkosten abdeckt
(als Zuschlagsbasis bieten sich hier die Einzelkosten an):

$$\frac{Gemeinkosten \times 100}{Einzelkosten} = Zuschlagssatz\ in\ \%$$

Es ergeben sich
je nach Leistungsvolumen
unterschiedliche Zuschlagssätze:

a) $\dfrac{200\,000 \times 100}{20\,000} = 1000\,\%$

b) $\dfrac{200\,000 \times 100}{50\,000} = 400\,\%$

c) $\dfrac{200\,000 \times 100}{100\,000} = 200\,\%$

Verwendet man diese Gemeinkosten-Zuschlagssätze zur Kalkulation
(bezogen auf Einzelkosten von DM 1,–),
so erhält man als Kosten pro Stück je nach Leistungsvolumen

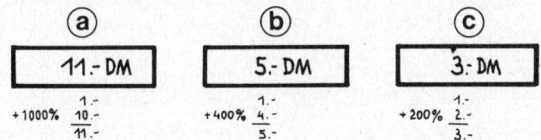

Betrug die Auslastung im 1. Quartal eines Jahres beispielsweise
nur 20 000 Stück (Fall a) = 20 % Auslastung und nähme man
die sich dann ergebenden Kosten von DM 11,– pro Stück
als Kalkulationsgrundlage für das 2. Quartal an
und würden daraus Angebote abgeleitet, so käme ein Preis zustande,
der weit über denen der (vielleicht besser ausgelasteten)
Konkurrenz läge.
Es läßt sich leicht absehen, daß die Marktchancen
für dieses Produkt in diesem Moment sehr gering wären.
Der Absatz und damit die Auslastung würden noch geringer werden.

Wenn die jeweilige tatsächliche Auslastung eines Betriebes
(bzw. die dabei anfallenden Ist-Kosten) zum Ausgangspunkt
für die Ermittlung der Zuschlagssätze gemacht wird,
kommt es bei der Preispolitik des Betriebes
zu einem paradoxen Verhalten:

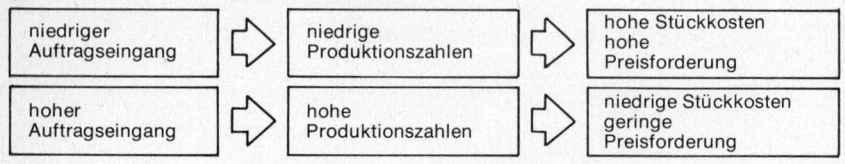

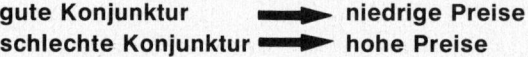

Das würde kurz gesagt bedeuten:

gute Konjunktur ➡ **niedrige Preise**
schlechte Konjunktur ➡ **hohe Preise**

Ein Betrieb, der so agiert, verhält sich immer gerade verkehrt.
Ein niedriger Auftragseingang wird noch niedriger usw.

Ein Betrieb,
der eine vernünftige, kontinuierliche Preispolitik machen will,
muß sich also bei der Ermittlung der GK-Zuschlagssätze
auf das Leistungsvolumen abstützen,
das er bei **normaler Auslastung** der Kapazität
längerfristig erwarten kann.

Eine befriedigende Auslastung (=Normalauslastung)
wird bei etwa 70 % – 85 % der wirtschaftlichen Kapazität liegen.
Die bei Normalauslastung erbrachte Leistung ist die **Normalleistung.**
Mit voller Auslastung (= 100 %ige Auslastung)
kann man über längere Zeit nicht rechnen,
da Nachfrageschwankungen zur Wirtschaft gehören.

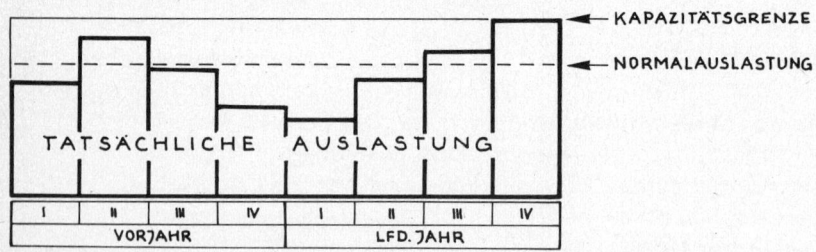

Die mögliche Leistung eines Betriebes in einem Zeitraum
bezeichnet man als **Kapazität,**
eine 100 %ige Auslastung stößt an die **Kapazitätsgrenze.**

Die Notwendigkeit, bei der Ermittlung der GK-Zuschlagssätze
von der Normalleistung auszugehen,
ergibt sich außerdem aus der Anwendung des **Verursachungsprinzips.**

Die bereitschaftsabhängigen Kosten werden dadurch verursacht,
daß der Betrieb Kapazitäten für Entwicklung, Fertigung, Verwaltung
und Vertrieb für bestimmte Produkte aufbaut und bereithält.
Nach dem Prinzip der Verursachung
darf deshalb nur das längerfristig erwartete Leistungsvolumen
(das den Kapazitätsaufbau verursacht hat)
den bereitschaftsabhängigen Kosten gegenübergestellt und
daraus die Kosten je Einheit errechnet werden.

Ein Beispiel:

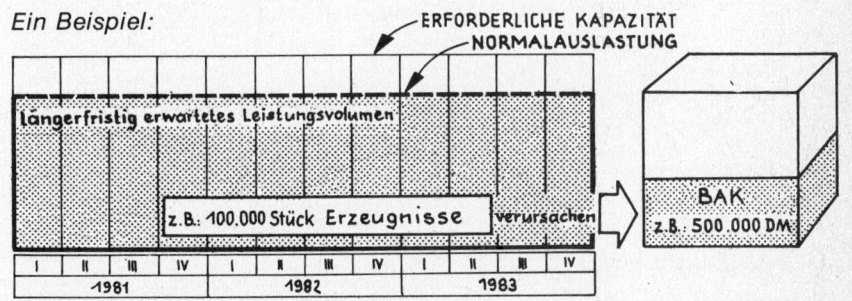

Die Absicht, 100 000 Stück Erzeugnisse herzustellen,
führt zum Aufbau der dafür erforderlichen Kapazitäten.
Diese verursachen jährlich 500 000,– BAK.
Die Bereitschaft, 1 Stück herzustellen,
verursacht hier also 5,– DM je Stück an bereitschaftsabhängigen Kosten.

Nur die Veränderung der bereitgestellten Kapazitäten
(z. B. Erhöhung auf 150 000 Stück) verursacht eine Änderung
bei der Summe der bereitschaftsabhängigen Kosten
(z. B. durch Anschaffung von zusätzlichen Maschinen,
Einstellung von Personal).

Die geringere oder stärkere Nutzung der Kapazität
(= tatsächliche Leistung) wirkt sich dagegen
auf die Summe der bereitschaftsabhängigen Kosten nicht aus,
deshalb darf sich auch bei den Kosten pro Stück
in diesen Fällen keine Änderung ergeben
(wie es geschehen würde, wenn wie im Beispiel auf Seite 165
die jeweilige Auslastung für die Stückkostenermittlung
zugrunde gelegt werden würde).

Bei der Ermittlung von Gemeinkosten-Zuschlagssätzen
werden demnach folgende Arbeitsschritte notwendig sein:

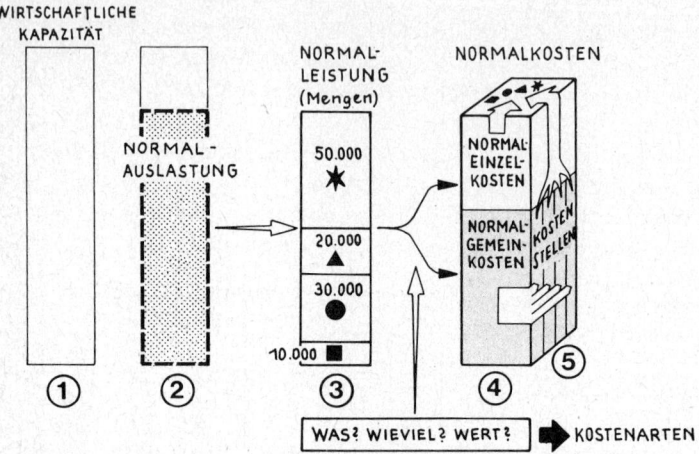

① Zunächst wird errechnet,
welche Leistung der Betrieb wirtschaftlich
bei **voller Auslastung** erzeugen kann (= wirtschaftliche Kapazität).

② Danach ist festzulegen,
wie hoch die **Normalauslastung** sein wird (z. B. 75 % oder 80 %).
Das hängt von der längerfristigen Umsatzerwartung ab.

③ Aufgrund der erwarteten Nachfragestruktur
(= Anteil der einzelnen Produkte am Umsatz)
sind die einzelnen **Mengen je Produkt** zu errechnen,
die bei Normalleistung hergestellt werden können.

Nun liegen also Mengen je Erzeugnis vor, daraus können

④ die **Normal-Einzelkosten** (aus Stückliste und Arbeitsplan) und
die **Normal-Gemeinkosten** (jede Kostenart einzeln)
abgeleitet werden.

Bei der Ermittlung der **Normalkosten**
wird man sich auf die Erfahrungswerte der Vergangenheit beziehen,
aber dabei folgende Fragen im Auge behalten müssen:

- Sind Änderungen in der Programmstruktur geplant
  (z. B. Streichung/Neuaufnahme eines Produktes)?
- Werden technische Änderungen durchgeführt
  (neue Konstruktionen, andere Fertigungsverfahren)?
- Werden Verteuerungen oder Verbilligungen
  (z. B. bei Fertigungsmaterial) eintreten?
- Werden qualitative Änderungen vorgenommen
  (z. B. Verwendung von Kunststoff statt Stahl)?

Ist die Ermittlung der Kostenarten bei Normalauslastung durchgeführt,
liegen sowohl die **Normal-Einzelkosten**
als auch die **Normal-Gemeinkosten** (NGK) vor.

z. B.:

Normal-Gemeinkosten

Hilfslohn
Gehälter
Personalnebenkosten
Energie
kalk. Zinsen
kalk. Abschreibungen
kalk. Wagnisse
Steuern/Beiträge
Instandhaltung

Normal-Einzelkosten

F-Lohn
F-Mat

⑤ Jetzt müssen die Normal-Gemeinkosten
auf die verursachenden Kostenstellen verteilt werden.

Dies geschieht mit Hilfe des »**Normal-BAB**«.
Dieser entspricht im Schema genau
dem bereits auf Seite 110/111 abgebildeten BAB.

Sind die Normal-Gemeinkosten auf die Kostenstellen verteilt,
werden die allgemeinen
dann die besonderen Hilfskostenstellen »umgelegt«,
so daß alle Gemeinkosten auf den Hauptkostenstellen stehen
(s. S. 113).

Nun können die **Zuschlagsätze** ermittelt werden:

Die Summen der Hauptkostenstellen Materialbereich, Fertigungsbereich, Verwaltungsbereich, Vertriebsbereich und Entwicklungsbereich werden durch die jeweilige Zuschlagsbasis dividiert und mit 100 multipliziert:

$$\frac{\text{Normal-Gemeinkosten} \times 100}{\text{Zuschlagsbasis (bei Normalleistung)}} = \text{Gemeinkosten-Zuschlagssatz(\%)}$$

Folgende Normal-Gemeinkosten-Zuschläge müssen ermittelt werden:

Als Zuschlagsbasen bieten sich an:

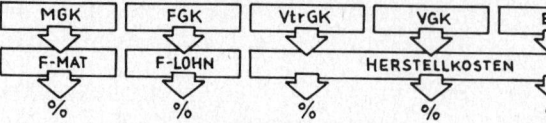

Ein Beispiel:

In einem Betrieb betrugen die Kosten der Verwaltung laut Normal-BAB 300 000,– DM, die Herstellkosten 6'000 000,– DM. Der Verwaltungs-Gemeinkostenzuschlag errechnet sich wie folgt:

$$\text{Verwaltungs-Gemeinkostenzuschlag} = \frac{300\,000 \times 100}{6'000\,000} = 5\%$$

In bestimmten Fällen können die Gemeinkosten — wie schon besprochen — auf eine *Mengenbasis* bezogen werden, was besonders bei den Fertigungs-Gemeinkosten üblich ist (z. B. Fertigungsminuten/-stunden).

Die allgemeine Formel dafür lautet:

$$\frac{\text{Normal-Gemeinkosten}}{\text{Verrechnungsbasis (bei Normalleistung)}} = \begin{array}{l}\text{Normal-GK-}\\\text{Verrechnungssatz (DM)}\end{array}$$

Im konkreten Fall der Verrechnung der Fertigungs-Gemeinkosten *nach Maschinenminuten* würde die Formel so aussehen:

$$\frac{\text{Normal-Fertigungs-GK}}{\text{Maschinenminuten (bei Normalleistung)}} = \begin{array}{l}\text{Maschinen-}\\\text{minutensatz (DM)}\end{array}$$

Die Zuschlagssätze decken die Kosten später natürlich nur dann voll, wenn die bei der Planung gemachten Annahmen (z. B. Normalleistung, Programmstruktur, Preisentwicklung der Kostengüter) tatsächlich eintreffen. Im Übungsspiel am Ende dieses Buches werden Sie die beschriebenen Arbeitsschritte für die PROD AG im Detail nachvollziehen und die gewonnenen Zuschlags- und Verrechnungssätze sofort in der Kalkulation anwenden können.

1. Bei der Ermittlung der Gemeinkosten-Zuschlagssätze
   geht man von der ....-Leistung aus.

2. Unter Normalauslastung versteht man:

   die volle Auslastung der Kapazität ◯

   die befriedigende Auslastung der Kapazität ◯

   die tatsächliche Auslastung der Kapazität ◯

3. Errechnen Sie aus dem nachfolgenden BAB-Auszug:

den Material-GK-Zuschlag:

$$\frac{\times}{\rule{3cm}{0.4pt}} = \quad \%$$

den Maschinenstundensatz
der Stanzerei:

$$\frac{\rule{3cm}{0.4pt}}{\rule{3cm}{0.4pt}} = \quad DM$$

den FGK-Zuschlagssatz
der Montage:

$$\frac{\times}{\rule{3cm}{0.4pt}} = \quad \%$$

die Summe der Herstellk.
(als Basis für die
Entwicklungs-Gemeink.):

	DM
F-Mat	....
MGK	....
F-Löhne	....
FGK: Stanzerei	....
Montage	....
Herstellkosten	....

den Entwicklungs-
Gemeinkosten-Zuschlag:

$$\frac{\times}{\rule{3cm}{0.4pt}} = \quad \%$$

F-Mat-Verbrauch: 1'000 000,– DM
Maschinenstunden Stanzerei bei Normalauslastung = 15 000 Std.
F-Löhne Montage = 500 000,– DM

NORMAL - BAB							
K'-STELLEN K'-ARTEN	ALLGEM. K'STELLE	FERTIGUNGSBEREICH				MATERIAL- BEREICH	ENTW.- BEREICH
		AUTOMATEN STANZEREI	MONTAGE	BETRIEBS- SCHLOSSEREI	KONSTRUK- TION		
SUMME-HAUPT- KOSTENSTELLEN	—	600.000.-	1'500.000.-	—	—	70.000.-	367.000.-

1. **Normal-Leistung**

2.

○

⊗ die befriedigende Auslastung der Kapazität

○

3.

$$\frac{70.000 \times 100}{1'000.000} = 7\%$$

$$\frac{600.000}{15.000} = 40,- DM$$

$$\frac{1'500.000 \times 100}{500.000} = 300\%$$

	1'000.000,- DM
	70.000,- DM
	500.000,- DM
	600.000,- DM
	1'500.000,- DM
	3'670.000,- DM

$$\frac{367.000 \times 100}{3'670.000} = 10\%$$

Die Kostenträgerzeitrechnung

Die gewonnenen Zuschlagssätze lassen sich nicht nur
für die in die Zukunft gerichtete Einzelkalkulation verwenden.
Auch in einer summarischen Nachkalkulation eines
Abrechnungszeitraumes
können die Gesamtkosten eines Kostenträgers
errechnet und den Umsätzen gegenübergestellt werden.
Das Rechenschema entspricht dem der Einzelkalkulation.

Ein Beispiel:

PROD AG ⊘	1. Halbjahr Summe DM	"SCHEIBE" DM	"DREIECK" DM	
gesamter tats. F-Mat-Verbrauch	300 000	190 000	110 000	◄ Summen der Materialscheine bzw. Lieferrechnungen
+ MGK 6 %	18 000	11 400	6 600	
+ effekt. F-Löhne	45 000	30 000	15 000	◄ aus Lohnabrechnung
+ FGK	104 000	72 000	32 000	◄ F-Min × FGK-Faktor oder % auf F-Lohn
Herstellkosten	467 000	303 400	163 600	
− Best.mehrung	− 7 000	− 2 000	− 5 000	◄ hergestellte aber nicht verkaufte unfert. Erzeugnisse
+ Best.minderung bei Erzeugnissen	+10 000	+ 8 600	+ 1 400	◄ verkaufte, in Vorperioden hergestellte fert. Erzeugnisse
Herstellkosten des Umsatzes	470 000	310 000	160 000	
+ VGK 5 %	23 500	15 500	8 000	
+ VtrGK 15 %	70 500	46 500	24 000	
+ EGK 10 %	47 000	31 000	16 000	
Selbstkosten des Umsatzes	611 000	403 000	208 000	
Umsatz	661 000	461 000	200 000	
Umsatzergebnis (Kalkul.-Ergebnis)	+ 50 000	+ 58 000	− 8 000	◄ diese Aufteilung des »Kalkulationsergebn.« nach Produkten ist der letzte (wichtigste) Schritt bei der »Lokalisierung der Ergebnisquellen«

Aus dieser Rechnung können
die durch die kalkulatorischen Zuschlags- und Verrechnungssätze
abgedeckten Gemeinkosten dieser Periode herausgezogen werden.
Sie werden kurz als »gedeckte GK« bzw. »verr. Normal-GK« bezeichnet.

gedeckte MGK	18 000,–
gedeckte FGK	104 000,–
gedeckte VGK	23 500,–
gedeckte VtrGK	70 500,–
gedeckte EGK	47 000,–
Summe gedeckte GK	263 000,–

dagegen
Ist-Gemeinkosten
256 000,– gemäß Kostenartenrechnung

Stellt man die über die Zuschlagssätze abgedeckten Gemeinkosten
den wirklich entstandenen Gemeinkosten (Ist-Gemeinkosten)
einer Periode gegenüber,
so ergibt sich der »Gemeinkosten-Unterschied« als
GK-Überdeckung oder **GK-Unterdeckung.**

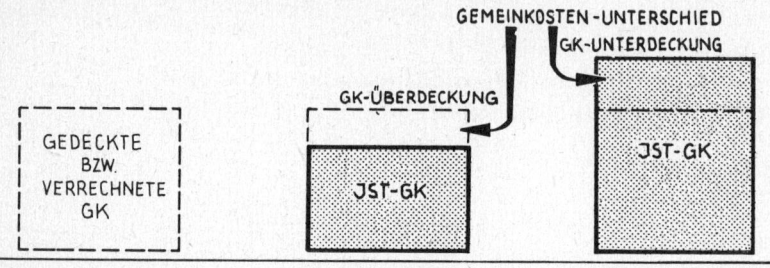

Die Gegenüberstellung kann mit den *Gemeinkosten-Gesamtsummen*
oder mit den *Gemeinkosten je Kostenbereich* vorgenommen werden.
Im letzteren Fall
muß dazu der BAB für die Ist-Gemeinkosten vorliegen.

Die Gründe für einen Gemeinkosten-Unterschied
können zahlreich sein.
Sie müssen sorgfältig untersucht werden.
Die wesentlichen Ansatzpunkte für die Analyse des Unterschiedes
sind im vorigen Kapitel (»Ermittlung der Zuschlagssätze«)
bereits angesprochen worden.

Folgende Vorgänge führen zu einem Gemeinkosten-Unterschied:

− Die Ist-Leistung liegt über/unter der Normalleistung
− Die Struktur des Fertigungsprogrammes ist anders,
  als bei der Ermittlung der Zuschlagssätze angenommen wurde.
− Die Verteuerung/Verbilligung ist anders als angenommen verlaufen.
− Sonstige Mengen- und Wertabweichungen sind eingetreten.

Eine nachhaltige Abweichung in der gleichen Richtung
kann darauf hindeuten,
daß die Zuschlagssätze korrekturbedürftig sind.
Nicht jede Abweichung aber besagt,
daß die Zuschlagssätze nicht stimmen.

Da die Abweichung im Leistungsvolumen
eine besondere Bedeutung für den GK-Unterschied hat,
soll dieser Punkt nochmals näher beleuchtet werden.

Gedeckte GK und Ist-GK zeigen unterschiedliches Verhalten
bei Änderung des Leistungsvolumens:

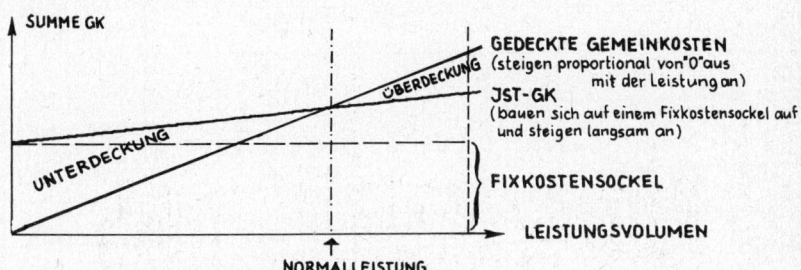

Nur bei *Normalleistung*
(von der ja bei der Ermittlung der Zuschlagssätze ausgegangen wurde)
können sich Ist-GK und gedeckte GK entsprechen.
Bei geringerer Leistung des Unternehmens
muß sich eine *GK-Unterdeckung,* bei höherer Leistung
eine *GK-Überdeckung* ergeben
(wenn alle übrigen Annahmen eintreffen!).

Kostenträgerzeitrechnung	Fragen zu 173–175

1. Ermitteln Sie die Gemeinkosten-Über- bzw. Unterdeckung
   je Kostenbereich bei der PROD AG im 1. Halbjahr.
   Übernehmen Sie die gedeckten GK aus Seite 173.

GEMEINKOSTEN (DM)						PROD AG △
	Mat.-Bereich	Fert.-Bereich	Verw.-Bereich	Vtr.-Bereich	Entw.-Bereich	Summen
gedeckte GK (s.S.173)						263.000.-
✗ JST-GK (lt.BAB)	17.000.-	100.000.-	21.500.-	67.500.-	50.000.-	256.000.-
= Unterdeckung (✗)						➤
= Überdeckung (+)						➤
Gemeinkosten-Unterschied insgesamt (Deckungsergebnis):						

GEMEINKOSTEN (DM)					PROD AG △
	18.000,-	104.000,-	23.500,-	70.500,-	47.000,-	263.000,-
	17.000.-	100.000.-	21.500.-	67.500.-	50.000.-	256.000.-
	—	—	—	—	∕∕ 3.000,-	∕∕ 3.000,-
	+ 1.000,-	+ 4.000,-	+ 2.000,-	+ 3.000,-	—	+ 10.000,-
					Überdeckung	+ 7.000,-

Der GK-Unterschied von + 7 000,– besagt,
daß die in der Kostenträgerzeitrechnung (Seite 173) angesetzten
kalkulierten Gemeinkosten um 7 000,– DM
über den Ist-GK dieser Periode liegen.
Das Umsatzergebnis (Kalkulationsergebnis) ist dadurch
gegenüber dem Betriebsergebnis
– wo Ist-Kosten der Ist-Leistung gegenüberstehen –
um 7 000,– zu hoch belastet.
Korrigiert man das Umsatzergebnis um diese »Überdeckung«,
so kommt man auf 50 000,– + 7 000,– = 57 000,– als Betriebsergebnis.
Allgemein gilt:

Überleitung des Umsatzergebnisses auf das Betriebsergebnis:

   Umsatzergebnis (Kalkulationsergebnis)
  + Überdeckung der Gemeinkosten } »GK-Deckungsergebnis«
  – Unterdeckung der Gemeinkosten

= Betriebsergebnis

Das Betriebsergebnis läßt sich also in 2 Komponenten, nämlich
   – **Umsatzergebnis** (= Kalkulationsergebnis) und
   – **GK-Deckungsergebnis** aufgliedern.

Hieraus ergeben sich wichtige Ansatzpunkte
für die Analyse der Einflußfaktoren,
die das Ergebnis bestimmt haben.

2. a) F-Mat und F-Lohn für 1 Leistungseinheit
        betragen zusammen 1,50 DM, der Gemeinkosten-Zuschlag
        300 % auf die Summe aus F-Mat und F-Lohn.
        Errechnen Sie die gedeckten Gemeinkosten
        bei Herstellung und Verkauf von
        10 000, 20 000, 30 000 und 40 000 Leistungseinheiten.
        Schreiben Sie die Werte in die dafür vorgesehenen Kästchen
        und zeichnen Sie die Kurve
        für die gedeckten GK in die Abbildung ein!

	bei 0 Stück	bei 10 000 Stück	bei 20 000 Stück	bei 30 000 Stück	bei 40 000 Stück
F-Mat + F-Lohn	–,–	15 000,–	30 000,–	45 000,–	60 000,–
gedeckte GK = 300 % von F-Mat/F-Lohn	....	....	....	....	....

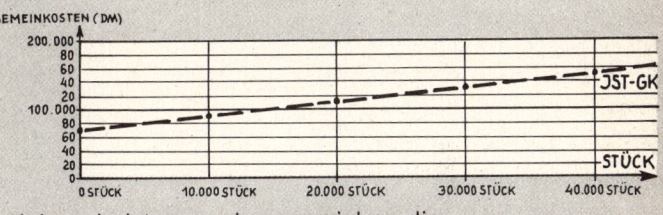

   b) Bei welchem Leistungsvolumen reichen die
       auf die Produkte verrechneten Gemeinkosten aus,
       um die angefallenen Ist-Gemeinkosten zu decken?

                                ca. ....Stück

   c) Wie hoch ist die GK-Unterdeckung bei 10 000 Stück,
       wenn die Ist-Gemeinkosten = 90 000,– betragen?

                        ....DM

3. Ein Rückgang des Leistungsvolumens bewirkt
   – wenn sich sonst nichts ändert –

                        Rückgang der gedeckten GK   ◯

                        Zunahme der gedeckten GK   ◯

                  keine Veränderung der gedeckten GK   ◯

4. Wenn die Ist-GK höher sind als die gedeckten GK,

            spricht man von einer .... deckung.

2. a)

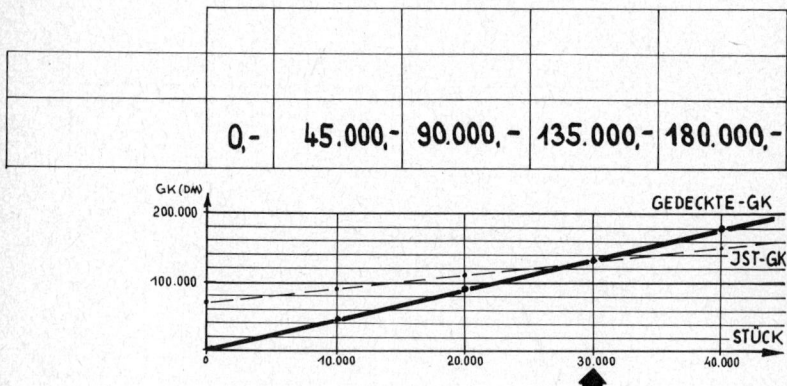

| | 0,– | 45.000,– | 90.000,– | 135.000,– | 180.000,– |

b) Erst ab einer Ausbringung von ca. **30 000 Stück**
   deckt der Zuschlagssatz die Ist-Gemeinkosten.
   Die gedeckten Gemeinkosten steigen
   von 0 proportional mit der Leistung an.

c) gedeckte GK   45 000,–
   Ist-GK   ./. 90 000,–
   GK-Unterdeckung   ./. **45 000,–**

3. Ein Rückgang des Leistungsvolumens bewirkt
   – wenn sich sonst nichts ändert –

   ⊗ Rückgang der gedeckten GK
   ◯
   ◯

4. Wenn die Ist-GK höher sind als die gedeckten Gemeinkosten,
   spricht man von einer **GK-Unterdeckung**.

Die Deckungsbeitragsrechnung

Bei den bisher beschriebenen Methoden der Kostenrechnung
werden die *gesamten* Kosten eines Zeitraumes
auf die in dieser Zeit hergestellten Leistungseinheiten aufgeteilt.
Man spricht deshalb von **Vollkostenrechnung.**

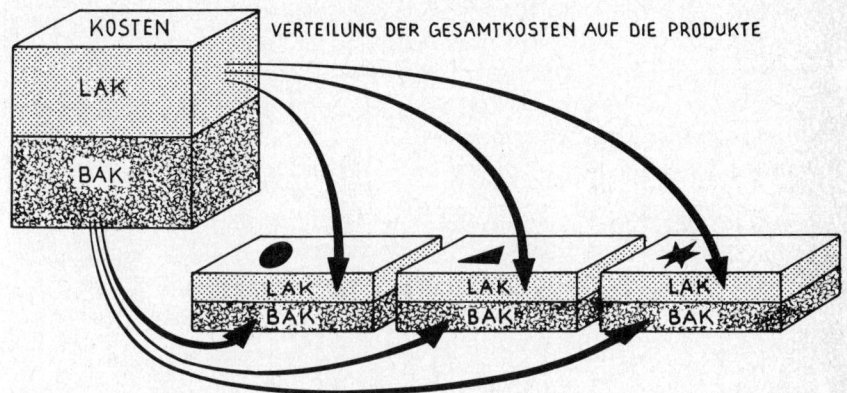

Dabei wird nicht zwischen
– leistungsabhängigen (LAK) und
– bereitschaftsabhängigen Kosten (BAK) unterschieden.

In einer Reihe von Entscheidungssituationen
würde dieses Vorgehen jedoch zu falschen Schlüssen führen.
Eine getrennte Betrachtung
der leistungsabhängigen und bereitschaftsabhängigen Kosten
ist bei der **Ermittlung der Preisuntergrenze,**
bei der **Optimierung des Fertigungsprogramms** und
bei der **Beurteilung von betrieblichen Maßnahmen** notwendig.
Das sind die Anwendungsfälle der **Deckungsbeitragsrechnung,**
die in diesem Kapitel behandelt werden sollen.

Am Beispiel der PROD AG soll eine Situation dargestellt werden,
bei der die Anwendung einer Vollkosten-Kalkulation
eine falsche Entscheidung bewirken würde.

Die PROD AG hat für das 1. Quartal folgende Aufträge vorliegen:

»Scheibe« ● *: 5 000 Stück;   »Dreieick«* ▲ *: 6 000 Stück*

Die Kapazität ist damit nicht voll ausgelastet.
Ein Kunde wäre bereit, bei einem Preis von 12,– DM je Stück
einen zusätzlichen Auftrag über 1000 Stück des Produkts »Stern« ★
zu erteilen. Das Produkt »Stern« wurde von der PROD AG bereits
im vergangenen Quartal hergestellt;
deshalb sind auch die Kalkulationsunterlagen vorhanden:

POS.	KALKULATIONSBLATT für Erzeugnis "STERN" ★				PROD AG ⊘
		MENGE	WERT	DM	DM
1	F-MAT N	4	1,20	4,80	
2	MGK		4,2%	0,20	
3	I MATERIALKOSTEN			5,–	
4	F-LOHN	F-MIN 10'	MIN-FAKT –,20	2,–	
5	FGK	10''	–,50	5,–	
6	II FERTIGUNGSKOSTEN			7,–	
7	I+II HERSTELLKOSTEN			12,–	
8	VGK			10%	1,20
9	Vtr GK			15%	1,80
10	EGK			5%	–,60
11	III SELBSTKOSTEN				15,60
12					

Aufgrund dieser Vollkosten-Kalkulation käme man zu dem Ergebnis:

Zusätzliche Umsatzerlöse	*= 12,–– DM/St. × 1 000 = 12 000,– DM*
Zusätzliche Kosten insgesamt	*= 15,60 DM/St. × 1 000 = 15 600,– DM*
Ergebnis aus dem Zusatzauftrag (gem. Vollk.-Kalk.)	*= – 3 600,– DM*

Nach dem Ergebnis dieser Rechnung – Verlust von 3 600,– DM –
müßte der Auftrag abgelehnt werden. Diese Entscheidung wäre
jedoch falsch, denn es werden durch den Auftrag nicht 15 600,– DM
zusätzlich anfallen. In den kalkulierten Selbstkosten sind nämlich
bei den Gemeinkosten erhebliche *Anteile bereitschaftsabhängiger*
(fixer) Kosten enthalten, die auch dann anfallen werden,
wenn der Auftrag nicht angenommen wird.

Wenn die zusätzlichen Gesamtkosten eines zusätzlichen Auftrages errechnet werden, müssen diese fixen Kosten unbeachtet bleiben.

Errechnen Sie das Ergebnis des Zusatzauftrages, indem Sie nur die zusätzlich anfallenden LAK ansetzen.

Deckungsbeitragsrechnung	Fragen zu 179–181

Welche Kosten fallen bei der zusätzlichen Herstellung von 1000 Stück »Stern« mit Sicherheit zusätzlich an (vernachlässigen Sie die geringen Anteile der leistungsabhängigen Gemeinkosten in diesem Falle). Tragen Sie nur die zusätzlichen Kosten in die zweite Spalte ein und addieren Sie diese (= LAK pro Stück)!

1 STÜCK "STERN" ✶ DM		zusätzliche Kosten je Stück
F-Mat	4,80	....
MGK	–,20	....
F-Lohn	2,–	....
FGK	5,–	....
VGK	1,20	....
VtrGK	1,80	....
EGK	–,60	....
Selbstkosten	15,60 LAK/Stück	....

Auf 1000 Stück bezogen bedeutet das:

Zusätzliche Umsatzerlöse:
(der Kunde zahlt 12,– DM/Stück)........................

./. Zusätzliche LAK: ....

Ergebnis: ....

Wie würden Sie entscheiden?   Zusatzauftrag annehmen ◯

Zusatzauftrag ablehnen ◯

weil durch diesen Zusatzauftrag das Quartals-Betriebsergebnis um .... DM

besser ◯   schlechter ◯   werden wird.

Aus diesem Beispiel wird deutlich,
daß man bei bestimmten Entscheidungen
nur den Teil der Kosten heranziehen darf,
der durch eine *zusätzliche* Leistungserstellung
auch wirklich *zusätzlich* ausgelöst wird.
Die Deckungsbeitragsrechnung kommt dieser
Forderung nach,
sie ist deshalb eine sog. **Teilkostenrechnung** (s. S. 133).

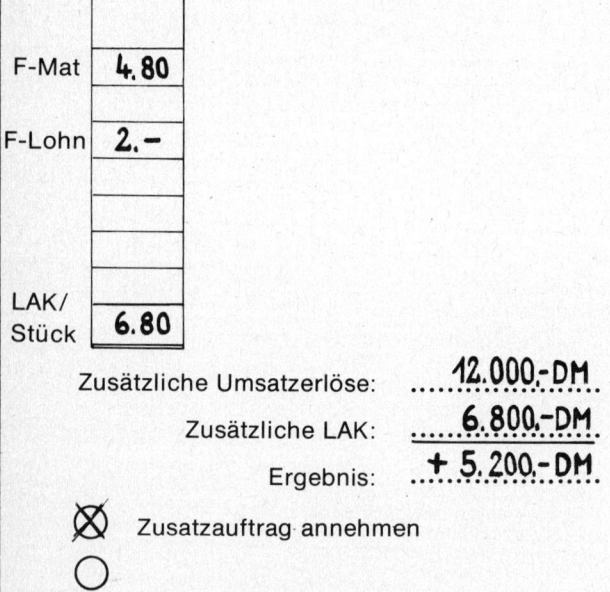

F-Mat	4.80
F-Lohn	2.–
LAK/ Stück	6.80

Zusätzliche Umsatzerlöse: ....12.000,–DM..........

Zusätzliche LAK: ....6.800,–DM..........

Ergebnis: ....+ 5.200,–DM..........

⊗ Zusatzauftrag annehmen

◯

weil durch diesen Zusatzauftrag
das Quartals-Betriebsergebnis um **5.200,–** DM

besser ⊗   ◯ werden wird.

Bei der Deckungsbeitragsrechnung werden der Leistungseinheit
nur die Kosten direkt zugerechnet,
die durch die Herstellung und den Verkauf
unmittelbar von dieser Leistungseinheit ausgelöst werden.
Das sind die *Einzelkosten* und *einige leistungsabhängige GK,*
die zusammen als **direkte Kosten** bezeichnet werden.
Auf die Zurechnung anteiliger bereitschaftsabh. GK wird verzichtet.

Die Differenz zwischen dem vom Markt vorgegebenen Preis
und den direkten Kosten (LAK) wird als **Deckungsbeitrag** bezeichnet.

Die Gegenüberstellung von Vollkosten-Kalkulation
und Deckungsbeitragsrechnung
soll das Wesen der Deckungsbeitragsrechnung deutlicher machen.

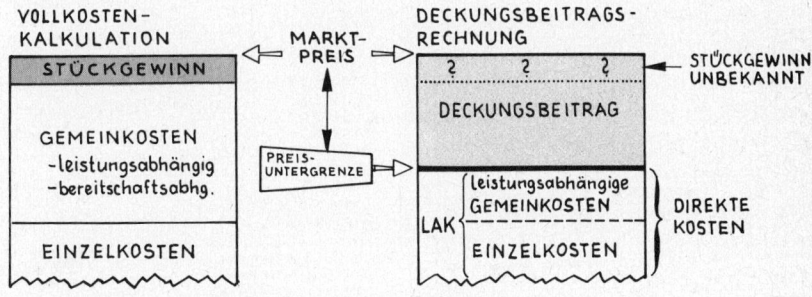

Mit dem Deckungsbeitrag sind zu »decken«:
- ■ die bereitschaftsabhängigen (fixen) GK und
- ■ das Stückergebnis.

Ob der Deckungsbeitrag je Leistungseinheit ausreicht,
um neben der Deckung der fixen Kosten auch zum Ergebnis beizutragen,
bleibt offen. Nur in der Gesamtsumme läßt sich feststellen,
ob die Deckungsbeiträge auch ein Ergebnis einschließen.

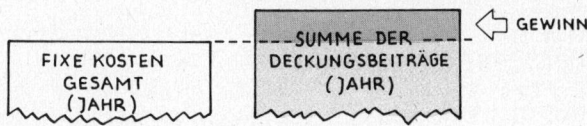

Sicher ist aber, daß jeder Preis,
der über den direkten Kosten liegt,
zur Deckung der fixen Kosten und evtl. zum Ergebnis beiträgt
und daß ein Produkt mit hohem Deckungsbeitrag
für den Betrieb interessanter ist als eines mit niedrigerem.

Anwendungsfälle der Deckungsbeitragsrechnung:

1) Ermittlung der Preisuntergrenze

Ein Unternehmen, das seine Kapazitäten mit den vorliegenden Aufträgen
nicht voll auslasten kann, erzielt insgesamt
ein schlechteres Ergebnis, als bei voller Auslastung (s. Grafik S. 160).
Es steht deshalb vor der Frage, ob durch günstige Preisstellung
zusätzliche Aufträge hereingeholt werden können,
damit die nicht genutzte Kapazität eingesetzt werden kann.
Um die richtigen Preisvorstellungen zu gewinnen,
muß die **Preisuntergrenze** bekannt sein.
Die Preisuntergrenze ist der Preis, bei dem die *zusätzlichen Kosten*
(= direkte Kosten) genauso hoch wie die *zusätzlichen Erlöse* sind.
(Bei diesem Preis arbeitet der Betrieb so,
daß er 1,– DM ausgibt, um 1,– DM zu bekommen.)
Zusatzaufträge zur besseren Auslastung der Kapazität,
deren Preise *über der Preisuntergrenze,* aber unter den Vollkosten liegen,
bringen dem Betrieb eine Ergebnisverbesserung.
Der Zusatzauftrag bringt noch
eine *zusätzliche Deckung der
fixen Kosten.* Das Gesamtergebnis
verbessert sich um *Stückzahl × DB/Stück.*
Die Preisuntergrenze läßt sich
mit der Vollkostenrechnung nicht ermitteln.
Hier ist die Deckungsbeitragsrechnung
heranzuziehen.

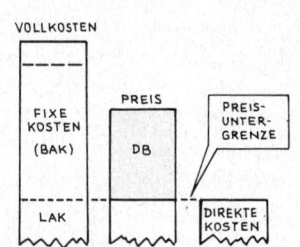

Das Hantieren mit der Preisuntergrenze
ist für den Betrieb allerdings nicht ungefährlich:

Einmal gewährte Preisnachlässe bei einem solchen Zusatzauftrag
werden von Kunden
mit Recht auch bei nachfolgenden Aufträgen verlangt.
Falls andere Kunden davon erfahren,
werden sie ebensolche Nachlässe fordern.
Das kann dazu führen, daß sich der Preis auf Dauer
auf einem Niveau unter den Vollkosten einpendelt (= Preisverfall)
und das Betriebsergebnis nachhaltig in Verlust umschlägt.
Die Unkenntnis der Vollkosten verführt unter Umständen dazu,
vorschnell Preiszugeständnisse zu machen.
»Deckungsbeitrag« wird allzu leicht mit »Gewinn« verwechselt.
Ein positiver Deckungsbeitrag besagt aber nicht,
daß der Preis neben der Deckung der fixen Kosten
auch noch einen Gewinn einschließt.

2) Programmoptimierung:

Wenn der Markt mehr Güter abnimmt
als der Betrieb bei gegebener Kapazität herstellen kann,
könnten die Vertriebsaktivitäten so gesteuert werden,
daß die Produkte mit hohem Deckungsbeitrag gegenüber solchen
mit niedrigerem Deckungsbeitrag bevorzugt angeboten werden
(= Optimierung des Deckungsbeitrages).
Hierzu muß man die Deckungsbeiträge kennen.

Diese Situation hat ebenfalls Ausnahmecharakter, denn es kann sein,

daß von den Kunden
ein abgerundetes Programmsortiment erwartet wird,

daß bestimmte Produkte z. B. in andere Produkte eingehen
(beim Bau kompletter Anlagen)
und deshalb auf jeden Fall hergestellt werden müssen,

daß bei Auftragshereinnahme sogar Kapazitäten frei waren
und erst später kurzfristige Aufträge
mit den bereits angenommenen Aufträgen
um die Kapazität konkurrieren
(evtl. hat der ältere Auftrag den schlechteren Deckungsbeitrag).

3) Maßnahmenauswahl:

Bei mehreren möglichen Maßnahmen, die sich auf die Kosten auswirken
(z. B. Änderung des Fertigungsverfahrens, Eigenfertigung
statt Fremdbezug), muß diejenige Maßnahme vorgezogen werden,
die *insgesamt geringere Kosten* verursacht.

Mit der Deckungsbeitragsrechnung läßt sich ermitteln,
wie sich die leistungsabhängigen Kosten je Leistungseinheit
durch solche Maßnahmen verändern.
Über die von der Änderung betroffenen Leistungsmengen
kann die Veränderung der gesamten LAK eines Zeitraumes
errechnet werden.

Alternative I	LAK I/Stück
Alternative II	LAK II/Stück
II − I	Einsparung/Stck.

$\times$

betroffene Leistungsmenge

$=$

Gesamteinsparung LAK

Ein Beispiel:
Die PROD AG hat für die Fertigung
des Produktes »Viereck« folgende LAK/Stück ermittelt:

F-Mat	1,—
F-Lohn	2,—
Lohn-Nebenk.	1,20
Energie	–,20
Betriebsstoffe	–,10
LAK/Stück ∎	**4,50**

Ein Lieferant außerhalb des Betriebes bietet an,
die fertigen Stanzteile für 4,– DM zu liefern.
Bei einer monatlichen Stückzahl von 10 000
bringt die Vergabe an den Lieferanten
eine Einsparung von   4,50 DM
$$\underline{-\ 4{,}00\ \ \text{DM}}$$
–,50 DM × 10 000 Stück = 5 000,– DM je Monat

Für die Beurteilung der Maßnahmen
liefert die Deckungsbeitragsrechnung
zwar die Veränderung der leistungsabhängigen Kosten je Stück,
sie zeigt aber nicht alle Kosten,
die als Folge der Wahl einer Maßnahme ausgelöst werden
(z. B. Umstellkosten, Konstruktionskosten, Anschaffung v. Werkzeugen).

Für die Feststellung der gesamten
durch eine Maßnahme verursachten Kosten,
die bei der Entscheidung zu beachten sind,
muß deshalb ein umfassenderes Verfahren gewählt werden,
in dem sowohl Elemente der Teilkostenrechnung
wie der Vollkostenrechnung enthalten sind.

Die folgende Aufgabe und ihre Fortsetzung im nächsten Kapitel
»Rechnen mit entscheidungsabhängigen Kosten« soll zeigen,
daß die Entscheidung bei der Maßnahmenauswahl
nicht allein auf der Deckungsbeitragsrechnung aufgebaut werden kann.

In der PROD AG ist zu entscheiden,
ob bei dem Produkt »Scheibe« (jährliche Stückzahl 20 000)
eine Konstruktionsänderung vorgenommen werden soll,
durch die F-Lohn beim Prüfen eingespart,
aber eine Änderung beim F-Mat-Einsatz erforderlich werden würde.

Wie würden Sie bei Vorliegen folgender Daten entscheiden?

Alternative I (alt)					Alternative II (neu)			
Vor der Konstruktionsänderung					Nach der Konstruktionsänderung			
	MENGE	✗ WERT	LAK/STCK			MENGE	✗ WERT	LAK/STCK
F-Mat A	1 ME	–,10	–,10		F-Mat A	1 ME	–,10	–,10
B	2 ME	1,—	2,—		B	2 ME	1,—	2,—
C	5 ME	3,—	15,—		D	2 ME	8,—	16,—
F-Lohn:					F-Lohn:			
Bearbeiten	8 Min.	–,17	1,36		Bearbeiten	8 Min.	–,17	1,36
Montieren	3 Min.	–,15	–,45		Montieren	3 Min.	–,15	–,45
Prüfen	12 Min.	–,13	1,56		Prüfen	5 Min.	–,13	–,65
Personal-Nebenkosten auf F-Lohn 60 % auf 3,37			2,02		Personal-Nebenkosten auf F-Lohn 60 % auf 2,46			1,48
LAK/Stck. alte Konstr.			22,49		LAK/Stck. neue Konstr.			22,04

Welche Maßnahme ist unter
dem Kostengesichtspunkt
zu wählen?

Entscheidung (gemäß Deckungsbeitragsrechnung):

Konstruktionsänderung vornehmen ◯

Konstruktionsänderung nicht vornehmen ◯

denn Einsparung je Stück »Scheibe«   · · · · · · · · · · · · · · · · · DM

Jährliche Einsparung
bei geplanter Stückzahl von 20 000   · · · · · · · · · · · · · · · · · DM

Verbesserung des Betriebsergebnisses
gegenüber Plan (100 000,–) in %   · · · · · · · · · · · · · · · · · %

Entscheidung:

⊗ Änderung vornehmen, denn

◯

 **0,45 DM** Einsparung je Stück »Scheibe«

9.000,- DM jährliche Einsparung

+ 9% Verbesserung des Betriebsergebnisses
Ob diese Entscheidung bei Hinzuziehung anderer Gesichtspunkte
richtig gewesen wäre, können Sie beurteilen,
wenn Sie das folgende Kapitel durchgearbeitet haben.

Das Rechnen mit entscheidungsabhängigen Kosten

In einem Betrieb stellt sich immer wieder die Frage,
ob der Leistungsprozeß, so wie er abläuft, bleiben kann,
oder ob Änderungen notwendig oder wünschenswert sind.
Es sind in diesen Fällen Entscheidungen zu treffen,
die als Maßnahmen auf den Betrieb und seine Kosten einwirken.
Bei der Beurteilung der Alternativen
ist die Auswirkung auf die Kosten oft der entscheidende Punkt.
Es ist selbstverständlich,
daß nur diejenigen Kosten herangezogen werden dürfen,
die durch die Entscheidung auch wirklich beeinflußt werden.
Diese Kosten sollen als **entscheidungsabhängige Kosten** (EAK)
bezeichnet werden (auch »relevante Kosten« genannt),
da sie durch die Entscheidung ausgelöst werden.

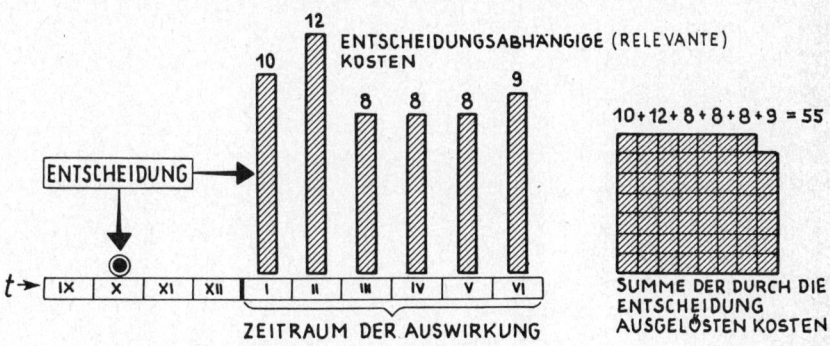

Die Auswirkung einer Entscheidung kann
- kurz-
- mittel- oder
- langfristig sein.

Die entscheidungsabhängigen Kosten können
- einmalig (z. B. einmalige Umstellkosten)
- sporadisch (z. B. gelegentlicher Werkzeugersatz)
- laufend wiederkehrend (z. B. Rüstkosten für Arbeitsplatz und auftragsabhängige Kosten) sein.

Für die Entscheidung maßgeblich ist der *summierte Betrag*
der »entscheidungsabhängigen Kosten« einer Alternative,
der die Wirkungen der Maßnahme
über die gesamte Wirkungsdauer hinweg erfaßt.

Aus dem Vergleich der Summen der Alternativen
läßt sich die kostengünstigste Alternative erkennen.
Die Wahl der günstigeren Alternative
bewirkt eine Verminderung der Gesamtkostensumme
im Wirkungszeitraum.
Das ist besonders zu beachten.

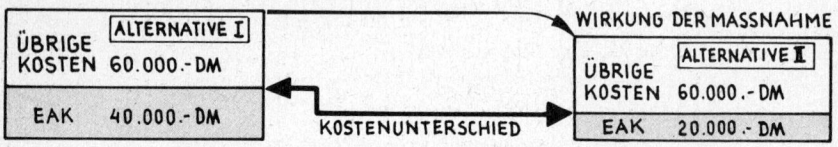

Die Wahl der Alternative II bringt im Wirkungszeitraum
der Entscheidung eine Einsparung von 20 000,– DM
durch Rückgang der entscheidungsabhängigen Kosten (EAK).

Die Entscheidung unter Kostengesichtspunkten
ist natürlich nur dann richtig,
wenn *alle nennenswerten Kosten,* die entscheidungsabhängig sind,
berücksichtigt werden. Es kommt also darauf an,
die Vielseitigkeit der Auswirkung zu überlegen.
Ein generelles Rechenschema läßt sich nicht finden,
es muß in jedem Einzelfall eine spezielle Rechnung aufgestellt werden,
je nachdem, um welche Maßnahme es sich handelt.

Solche Maßnahmen, über die zu entscheiden ist, können z. B. sein:
– Änderung der Konstruktion
– Änderung des Fertigungsverfahrens (ohne Investitionen*)
– Eigenfertigung statt Kauf bei Zulieferanten (oder umgekehrt)

Bei der Ermittlung der entscheidungsabhängigen Kosten
kann es nötig sein, für Arbeiten, die mit der Umstellung
verbunden sind, und für andere Auswirkungen (z. B. Raumbedarf)
Durchschnittswerte oder Verrechnungssätze anzuwenden
(z. B. Kosten einer Ingenieurstunde), die eine gewisse Annäherung
an die tatsächliche Kostenverursachung bringen.
An welche Auswirkungen bei der Beurteilung von Maßnahmen
u. a. zu denken ist,
soll die Fortsetzung des Beispiels von Seite 187 zeigen.

*) Für Maßnahmen, die mit Investitionen verbunden sind, gibt es die
»Investitionsrechnung«. Dabei können mehrere Verfahren angewandt
werden, die hier nicht behandelt werden sollen.

Es soll geprüft werden, ob eine
Konstruktionsänderung bei dem Erzeugnis »Scheibe« der PROD AG,
von dem jährlich 20 000 Stück hergestellt werden,
zu Kosteneinsparungen führt (Wirkungsdauer 3 Jahre).

Positive Veränderungen:
– die Zeiten für den Arbeitsgang »Prüfen« vermindern sich,
– es kann billigeres Material verwendet werden,
– das Produkt ist billiger, dadurch vermindern sich die Lagerzinskosten.

Negative Veränderungen:
– das Umrüsten der Maschinen auf einen anderen Arbeitsgang oder
  ein anderes Produkt (Loswechsel) wird komplizierter und damit länger,
– die einmalige Umstellung der Prüfplätze verursacht Kosten,
– es fallen Konstruktionskosten für die Änderung an,
– Stückliste und Arbeitsplan müssen geändert werden.

Alternative I = bisherige Konstruktion;
Alternative II = Konstruktionsänderung

ENTSCHEIDUNGSABHÄNGIGE KOSTEN		
	ALTERNATIVE I	ALTERNATIVE II
LAK/STÜCK	22,49	22,04
1. Leistungsabhängige Kosten insges.: LAK/Stck. × 60 000 (s. S. 187)	1'349.400.-	1'322.400.-
2. Auftragsabhängige Kosten Umrüsten der Prüfplätze insgesamt 300 × (in 3 Jahren) A I = 0,5 Std. × 20,– × 300 A II = 1,5 Std. × 20,– × 300	3.000.-	....
3. Lagerkosten kalk. Zinsen (10 % v. Lagerwert) A I = 60 000,– Lagerwert A II = 59 000,– Lagerwert } × 3 J. × 10 %	18.000.-	....
4. Einmalige Kosten Umstellkosten Prüfplätze =	——	25.000.-
Konstruktionskosten f. A II 60 Std. × 45,– =	——	....
Änderung der Stückliste und des Arbeitsplanes: 1 Std. à DM 30,– =	——	....
Summe der entscheidungsabhängig. Kosten	....	....

Kostenunterschied: ...., wirksam in 3 Jahren.

Entscheidung: Konstruktionsänderung vornehmen   ◯

Konstruktionsänderung nicht vornehmen   ◯

ALTERNATIVE I	ALTERNATIVE II
1'349.400.-	1'322.400.-
3.000.-	
	9.000,-
18.000.-	
	17.700,-
———	25.000.-
———	**2.700,-**
———	**30,-**
1'370.400,-	**1'376.830,-**

Kostenunterschied: **+ 6.430.-** wirksam in 3 Jahren.

Entscheidung unter Kostengesichtspunkten:

   Konstruktionsänderung nicht vornehmen.

Die Entscheidung auf Seite 187 war demnach **nicht richtig,**
die Rechnung dort hatte eine Kostenersparnis
von + 9 000,– DM ergeben.

Mit dieser Rechnung ist natürlich nicht ausgesagt,
ob andere Gründe dafür sprechen,
die Konstruktionsänderung vorzunehmen
(z. B. Kundenwünsche, Wettbewerbsfähigkeit).
Es ist aber hiermit bekannt,
was die Berücksichtigung solcher Überlegungen kosten würde.

Wie aus dem Beispiel deutlich geworden ist,
sind bei der »Rechnung mit entscheidungsabhängigen Kosten«
noch eine Reihe von Kosten hinzuzunehmen,
die bei der Deckungsbeitragsrechnung nicht in Betracht gezogen werden.
Einige dieser Kosten sind kurzfristig betrachtet zwar fix,
sie werden aber *langfristig* betrachtet
von den zur Entscheidung stehenden Maßnahmen *direkt* bestimmt
(z. B. häufige Konstruktionsänderungen binden u. U.
die Arbeitskraft eines Konstrukteurs, langfristig betrachtet
verursachen also die einzelnen Konstruktionsänderungen
die Kosten für diesen Mitarbeiter).

Bei der Auswahl der »relevanten Kosten«
kommt es immer auf die Frage an:
  »Werden diese Kosten durch die Entscheidung wirklich ausgelöst?«

Manchmal hilft auch die Kontrollfrage:
  *»Werden diese Kosten wegfallen,
  wenn die Maßnahme nicht getroffen wird oder wegfällt?«*

Wenn z. B. durch eine Maßnahme weniger Lagerraum beansprucht wird,
der dann ungenutzt steht, darf daraus keine Einsparung
an Kosten errechnet werden.
Die Raumkosten (z. B. Zins für Gebäude)
wären in diesem Fall nicht entscheidungsabhängig (relevant),
denn insgesamt ändern sie sich nicht.

Bei dem Suchen nach den entscheidungsabhängigen Kosten
wird es helfen, wenn man gedanklich nicht nur
die **Kostenarten** durchgeht, sondern auch die **Kostenstellen**
und die **Arbeiten,** die ein Produkt, ein Auftrag, ein Verfahren usw.
regelmäßig oder einmalig auslöst. Insbesondere ist an
die Umstellung und Änderung von Anlagen und Unterlagen zu denken.

Ein festes Schema wie bei der Kalkulation gibt es nicht.
Die im Beispiel unter Punkt 1–4 genannten *Gruppen von Kosten*
können eine Hilfe bei der Sammlung
der entscheidungsabhängigen Kosten im Einzelfall sein.

Sie haben nun einen Blick in die Kostenrechnung
eines Industriebetriebes getan
und die wesentlichen Verfahren der Vollkostenrechnung
und der Teilkostenrechnung im Grundsatz kennengelernt.
Es war ein Überblick, der noch manche Vereinfachung enthalten mußte.
Im Rückblick soll noch daran erinnert werden,
daß die Kostenrechnung **zweckgerichtet** ist.

Das Vorgehen in der betrieblichen Praxis
ist von den jeweiligen Verhältnissen abhängig
und davon, welche Erkenntnisse
aus den Zahlen der Kostenrechnung gewonnen werden sollen, also

■ ob sie zur **Produktbeurteilung**
　　　　　Preisbildung
　　　　　Preisbeurteilung
　　　　　Bewertung

　oder
■ zur **Prozeßbeurteilung** (Maßnahmenauswahl)
　dienen werden.

▌ Der Aufwand bei der Ermittlung der Zahlen und der Erkenntniswert
　müssen in einem vernünftigen Verhältnis zueinander stehen.

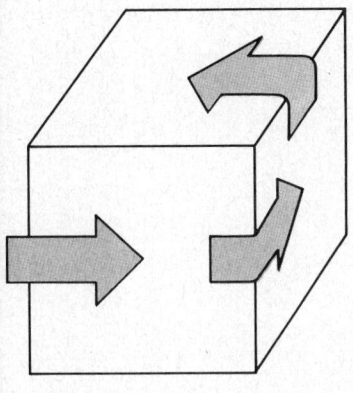

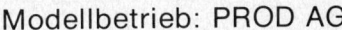
Modellbetrieb: PROD AG

Unternehmenserfolg und
Kostenrechnung

WAS wird verzehrt,
welche Kosten entstehen
– Kostenartenrechnung –

WO
entstehen die Kosten
– Kostenstellenrechnung –

WOFÜR
entstehen die Kosten
– Kostenträgerrechnung –

Praktisches Beispiel:
Kostenrechnung der PROD AG

Anhang

In dem Anwendungsbeispiel
führen Sie unter Anleitung
eine vollständige Kalkulation
für die beiden Produkte ● und ▲
der PROD AG durch.

Dazu errechnen Sie den
Materialverbrauch,
die Lohn- und Gehaltskosten,
die kalkulatorischen Kosten
und die Normalkosten.

Sie füllen den BAB aus
und ermitteln daraus
die Herstellkosten für die
beiden Produkte.

Auf dieser Grundlage
kalkulieren Sie dann
die Preise für die
beiden Produkte ● und ▲

Die Kostenrechnung der PROD AG

Die Beschreibung des Arbeitsablaufes

Disposition des F-Materialverbrauchs

Disposition des F-Lohnes

Lohn- und Gehaltsabrechnung

Ermittlung der kalkulatorischen Abschreibungen
und des kalkulatorischen Restwertes der Anlagen

Ermittlung der kalkulatorischen Zinsen

Verteilung der kalkulatorischen Zinsen auf die Kostenstellen

Zusammenstellung der Normalkosten/Normalleistung
= Betriebsergebnisrechnung

BAB

Kalkulation für Erzeugnis »Scheibe«

Kalkulation für Erzeugnis »Dreieck«

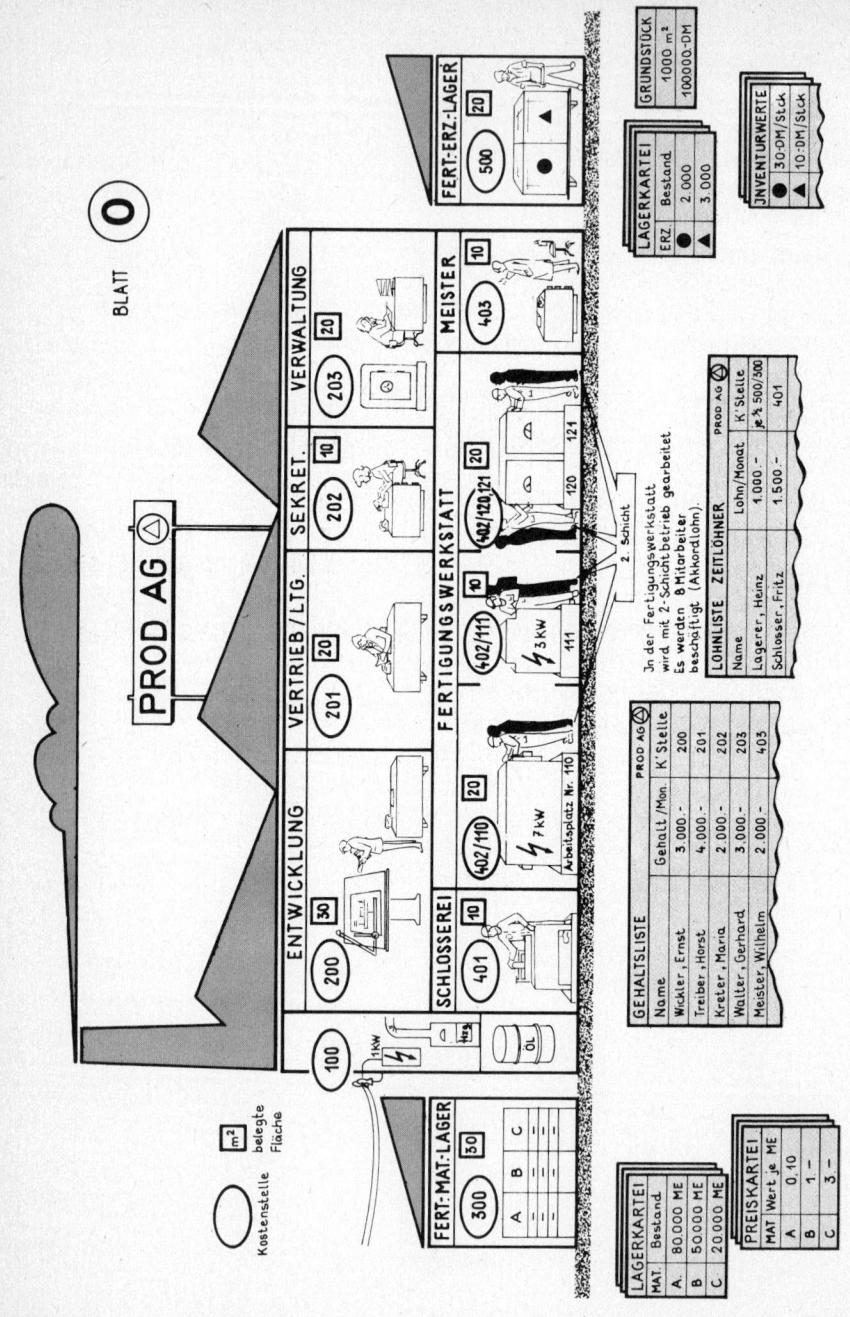

BLATT **O**

PROD AG

ENTWICKLUNG 50 · 200

VERTRIEB/LTG. 20 · 201

SEKRET. 10 · 202

VERWALTUNG 20 · 203

SCHLOSSEREI 10 · 401

FERTIGUNGSWERKSTATT
402/110 · 20
402/111 · 10 · 7KW · 3KW
Arbeitsplatz Nr. 110
402/120/121 · 20 · 120 · 121 · 124
411
MEISTER 10 · 403

FERT.-ERZ.-LAGER 20 · 500

100 · 1KW · OL

FERT.-MAT.-LAGER 50 · 300

In der Fertigungswerkstatt wird mit 2. Schicht betrieb gearbeitet. Es werden 8 Mitarbeiter beschäftigt (Akkordlohn).
2. Schicht

Kostenstelle
m² belegte Fläche

LAGERKARTEI

MAT.	Bestand
A:	80.000 ME
B:	50.000 ME
C:	20.000 ME

PREISKARTEI

MAT	Wert je ME
A	0,10
B	1,—
C	3,—

GEHALTSLISTE PROD AG △

Name	Gehalt/Mon.	K'Stelle
Wickler, Ernst	3.000,—	200
Treiber, Horst	4.000,—	201
Kreter, Maria	2.000,—	202
Walter, Gerhard	3.000,—	203
Meister, Wilhelm	2.000,—	403

LOHNLISTE ZEITLÖHNER PROD AG △

Name	Lohn/Monat	K'Stelle	je % 500/300
Lagerer, Heinz	1.000,—		401
Schlosser, Fritz	1.500,—		

LAGERKARTEI

ERZ.	Bestand
●	2.000
▲	3.000

INVENTURWERTE

●	30·DM/Stck
▲	10·DM/Stck

GRUNDSTÜCK

1000 m²
100000·DM

198

Die Kostenrechnung der PROD AG

In diesem letzten Teil des Buches
können Sie vieles von dem,
was Sie bisher von der Kostenrechnung gelernt haben,
praktisch anwenden.

Versetzen Sie sich in die Situation des Kostenrechners der PROD AG
und versuchen Sie,
die anfallenden Kostenrechnungsprobleme dieses Unternehmens
der Reihe nach – mit »programmierter« Unterstützung –
zu lösen.
Die Zahlen sind einfach gehalten,
so daß Sie auch ohne Taschenrechner auskommen können.

Entnehmen Sie die dazu erforderlichen Informationen
– sofern sie nicht vorgegeben sind –
der allgemeinen Beschreibung der PROD AG auf den Seiten 17–19
und legen Sie sich
das heraustrennbare Übersichtsblatt (Blatt [0], im Anhang Seite 233)
mit der schematischen Darstellung der PROD AG bereit,
damit Sie jederzeit einen Überblick
über die Struktur des Unternehmens, seine Abteilungen,
seine Kostenstellen und die beanspruchte Fläche
der einzelnen Abteilungen (in qm) haben.

Lesen Sie zunächst jeweils den Text auf der linken Seite
und lösen Sie dann gemäß der Beschreibung
die Aufgaben auf der rechten Seite.

Der rechts abgebildete »Fahrplan«
stellt die Reihenfolge und den Zusammenhang
der Arbeitsschritte der nachfolgenden Übung dar,
die Sie auf den folgenden Seiten Schritt für Schritt
vollziehen werden.

Die Arbeitsschritte 1 – 10/2 stellen den Arbeitsablauf
bei der Ermittlung der Normal-Gemeinkosten-Zuschlagssätze dar
(vgl. Kapitel »Ermittlung der Zuschlagssätze«, Seite 163 ff.).
Hierzu gehört eine ausführliche Kostenarten- (4 – 9/1) und
Kostenstellenrechnung (10/1 und 10/2).

Ihre Arbeit setzt bei Arbeitsschritt 4 ein.
Wenn die Zuschlagssätze ermittelt sind,
können Sie in den Arbeitsschritten 11 und 12
die Selbstkosten der Produkte »Scheibe« und »Dreieck«
mit Hilfe der Kostenträgerstückrechnung (Kalkulation) ermitteln.
Daraus läßt sich dann die Preisvorstellung ableiten,
die Sie für die Ermittlung der Normalleistung
bzw. des Normal-Betriebsergebnisses im Arbeitsschritt 9/2 benötigen.

Damit haben Sie alle klassischen Gebiete der Vollkostenrechnung
noch einmal im Zusammenhang wiederholt.

Sie finden das Ablaufschema auch im Anhang auf Seite 234
zum Heraustrennen.
Legen Sie den Plan vor sich hin,
damit Sie den Überblick nicht verlieren und stets wissen,
in welcher Phase des Ablaufs
und auf welchem Gebiete der Kostenrechnung Sie sich zur Zeit betätigen.

Hier noch einige Hinweise:
– Die Nummern der Arbeitsschritte in den Kreisen
  finden Sie auf den Seiten, auf denen Sie diese Rechnung durchführen,
  wieder.
– Auf den nächsten Seiten finden Sie eine Kurzbeschreibung
  zum nebenstehenden Übersichtsplan.

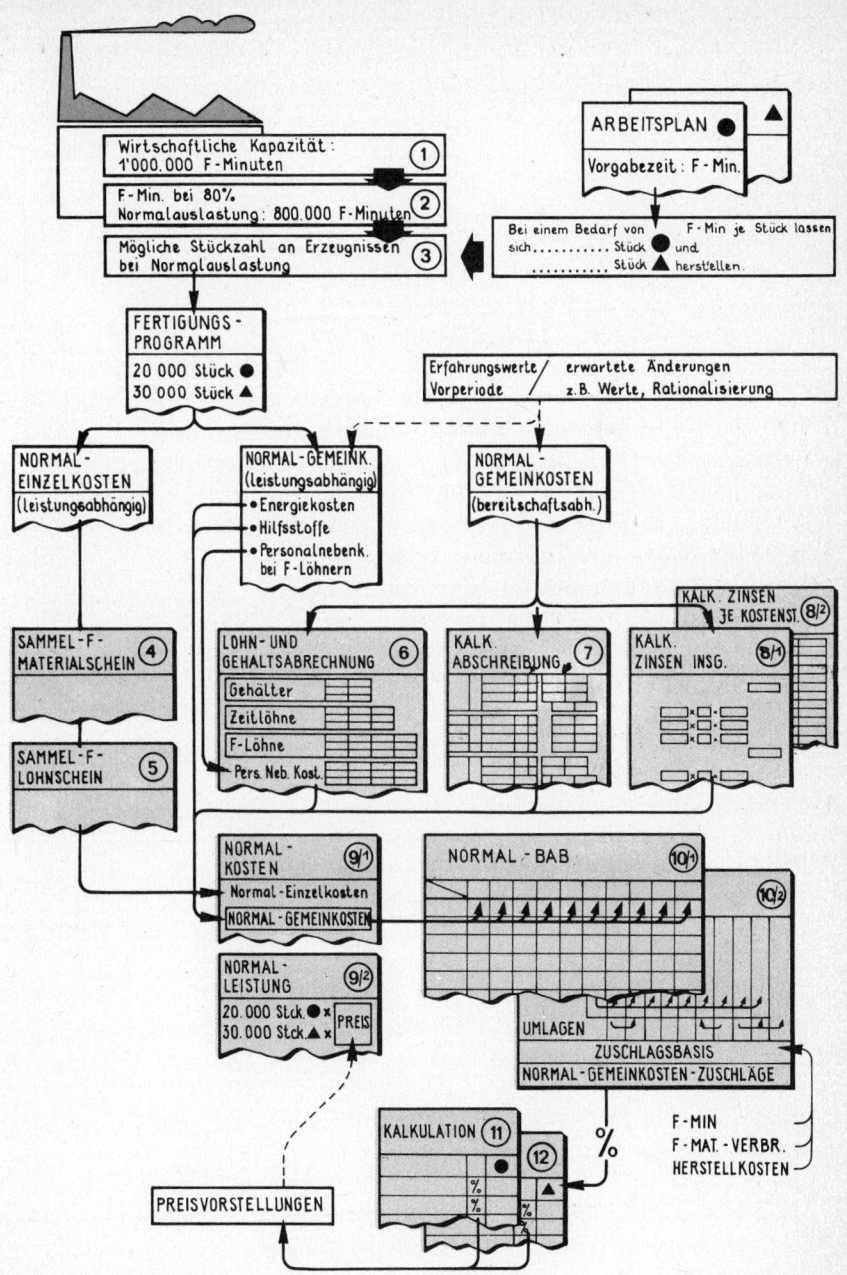

ARBEITSPLAN ● ▲

Vorgabezeit : F - Min.

Bei einem Bedarf von   F - Min je Stück lassen
sich........... Stück ● und
.... Stück ▲ herstellen.

Wirtschaftliche Kapazität :
1'000.000 F - Minuten ①

F - Min. bei 80%
Normalauslastung: 800.000 F - Minuten ②

Mögliche Stückzahl an Erzeugnissen
bei Normalauslastung ③

FERTIGUNGS -
PROGRAMM

20 000 Stück ●
30 000 Stück ▲

Erfahrungswerte / erwartete Änderungen
Vorperiode   / z.B. Werte, Rationalisierung

NORMAL -
EINZELKOSTEN
(leistungsabhängig)

NORMAL - GEMEINK.
(leistungsabhängig)
● Energiekosten
● Hilfsstoffe
● Personalnebenk.
  bei F - Löhnern

NORMAL -
GEMEINKOSTEN
(bereitschaftsabh.)

SAMMEL - F -
MATERIALSCHEIN ④

SAMMEL - F -
LOHNSCHEIN ⑤

LOHN - UND
GEHALTSABRECHNUNG ⑥

Gehälter
Zeitlöhne
F - Löhne
Pers. Neb. Kost.

KALK.
ABSCHREIBUNG ⑦

KALK.
ZINSEN INSG. ⑧/1

KALK. ZINSEN
JE KOSTENST. ⑧/2

NORMAL -
KOSTEN ⑨/1
Normal - Einzelkosten
NORMAL - GEMEINKOSTEN

NORMAL - BAB ⑩/1   ⑩/2

NORMAL -
LEISTUNG ⑨/2
20 000 Stck. ● x
30 000 Stck. ▲ x   PREIS

UMLAGEN
ZUSCHLAGSBASIS
NORMAL - GEMEINKOSTEN - ZUSCHLÄGE

KALKULATION ⑪   ⑫
●
▲

%

F - MIN
F - MAT. - VERBR.
HERSTELLKOSTEN

PREISVORSTELLUNGEN

Die Beschreibung des Arbeitsablaufes

Im ersten Schritt wird die **Kapazität der Fertigung** ermittelt (1):

ERMITTLUNG DER FERTIGUNGSKAPAZITÄT	
Arbeitstage:	Kapazität in F-Minuten je Arbeitsplatz:
365 Kalendertage – 104 Šamstage/Sonntage – 6 Feiertage – 20 Urlaubstage 235 Arbeitstage	235 Tage × 8 Std. × 60 Min. × 2 Schichten × 1,3 Leistungsgrad d. Akkordarb. = 293 280' max. Kapazität – 15 % Stillstandszeit – 43 992' (Reparatur, Umrüsten u. a.) ergibt rund 250 000' F-Min. wirtsch. Kapazität je Arbeitsplatz pro Jahr 250 000' × 4 Arbeitsplätze ergibt insgesamt 1'000 000 Fertigungsminuten

(2) Rechnet man mit einer Normalauslastung von 80 %,
so steht je Arbeitsplatz eine Fertigungskapazität
von 200 000 F-Minuten zur Verfügung (insgesamt 800 000 F-Min.).
Nun kann ausgerechnet werden,
welche **Stückzahlen** von den Produkten »Scheibe« und »Dreieck«
bei Normalauslastung hergestellt werden können.
Die Aufteilung der Kapazität auf die Produkte
ist von der Struktur der Umsatzerwartung abhängig.
Zur Verfügung gestellte Fertigungskapazität in F-Minuten
dividiert durch die Stückzahl laut Arbeitsplan
ergibt die **Fertigungsstückzahl je Produkt** = Fertigungsprogramm (3).
Aus den geplanten Fertigungsstückzahlen können die *Normal-Einzelkosten*
Fertigungsmaterial (4) und
Fertigungslöhne (5) errechnet werden.
Im nächsten Schritt werden die **Gehälter,**
Zeitlöhne und **Personalnebenkosten** ermittelt (6).
Sie sind Teil der *Normal-Gemeinkosten.*
Die **kalkulatorischen Abschreibungen** und die **kalkulatorischen Restwerte**
(7) werden getrennt nach Kostenstellen errechnet.
Die Summe der kalk. Abschreibungen geht als Kostenart
in die *Normal-Gemeinkosten* ein; die Aufteilung nach Kostenstellen
ist für den späteren BAB notwendig.
Die kalk. Restwerte werden
bei der Ermittlung der kalk. Zinsen gebraucht.
Die **kalkulatorischen Zinsen** werden zunächst für die Kostenartenrechnung *insgesamt* berechnet (8/1). In einem zweiten Schritt
ist das betriebsnotwendige Kapital **auf Kostenstellen** zu verteilen,
so daß sich dann auch der **Zinsbetrag je Kostenstelle**
feststellen läßt (8/2).

Nachdem bereits einige Kostenarten vorgegeben sind
(z. B. Erfahrungswerte der Vergangenheit,
auf die Zukunft hochgerechnet),
wird die **Kostenartenrechnung** fertiggestellt (9/1).
Die **Normalleistung** (9/2) in DM kann noch nicht berechnet werden,
da dazu noch die Preise kalkuliert werden müssen.
Das ist erst am Ende des Arbeitsablaufes möglich,
wenn die Zuschlagssätze bekannt sind
und Sie die Kalkulation gemacht haben.

Die direkt einer Kostenstelle zugerechneten *Gemeinkosten*
werden bei der **Kostenstellenrechnung** in den **BAB**
auf die entsprechenden Kostenstellen eingetragen (10/1).
Dann folgt die **Umlage der Hilfskostenstellen.**
Danach können die **Normal-Gemeinkosten je Hauptkostenstelle**
summiert werden. Nun liegen die Zahlen vor, um
– den **MGK-Zuschlagssatz,**
– die **FGK-Verrechnungssätze je F-Minuten** und
– die **Gruppen-Gemeinkosten-Zuschlagssätze**
zu ermitteln (10/2).

Diese Normal-Gemeinkosten-Zuschlagssätze können jetzt
in der **Kostenträgerrechnung** bei der **Ermittlung der Selbstkosten**
für die Produkte »Scheibe« (11) und »Dreieck« (12) verwendet werden.
Ausgehend von den Selbstkosten lassen sich dann
die **Preisvorstellungen** ableiten.
Bei der PROD AG wurde festgestellt, daß 10 % auf die Selbstkosten
als Ergebnis erforderlich sind, und zwar
5 % für die Ertrags- und Vermögenssteuer
(Steuersatz 50 % vom Ergebnis)
5 % für Dividende und Rücklagenzuführung.

Auf den nächsten Seiten werden Sie den gesamten Arbeitsablauf
konkret mit den Zahlen der PROD AG selbst vollziehen.
Werfen Sie ab und zu einen Blick auf den Gesamtplan,
um immer zu wissen, an welcher Stelle innerhalb des Rechnungswerkes
Sie gerade arbeiten.

Wir würden Ihnen empfehlen,
bei der Lösung nur einen Bleistift zu verwenden und die von Ihnen
eingetragenen Zahlen entsprechend den Lösungen zu korrigieren,
weil Sie Zahlen aus einem Rechenwerk ins andere übernehmen
und Fehler dabei mitschleppen könnten.

Das Fertigungsprogramm für die PROD AG wurde bereits erstellt, die Zahlen sind damit vorgegeben.

Wie Sie aus dem Gesamtplan der Arbeitsabläufe ersehen können, werden jetzt die **Normal-Einzelkosten** für **F-Material** und **F-Lohn** errechnet.

Dazu werden der **Sammel-F-Materialschein** und der **Sammel-F-Lohnschein** gebraucht.

Versuchen Sie, diese beiden Aufgaben auf den folgenden beiden Doppelseiten mit Hilfe der jeweiligen Angaben zu lösen!

Ermitteln Sie die Kosten, die durch den voraussichtlichen Verbrauch des Fertigungsmaterials entstehen.

Als Normalleistung ist die Herstellung von

20 000 Stück● und 30 000 Stück▲ geplant.

Tragen Sie diese geplanten Fertigungsstückzahlen in den Sammel-F-Materialschein ein und multiplizieren Sie die benötigten Mengeneinheiten (lt. Stückliste) mit diesen Fertigungsstückzahlen.

Übertragen Sie den Materialbedarf in die Spalten für Material A, B und C und ermitteln Sie den Gesamt-F-Mat-Bedarf.

Entnehmen Sie dann der auf dem (heraustrennbaren) Blatt (0) abgebildeten Preiskartei die jeweiligen Einstandspreise der drei Materialien und errechnen Sie die Einzelsummen und die Gesamtsumme des F-Mat-Verbrauches in DM!

An dieser Stelle wird Ihnen jeweils die Lösung
zu den Fragen auf den Vorderseiten dargeboten!

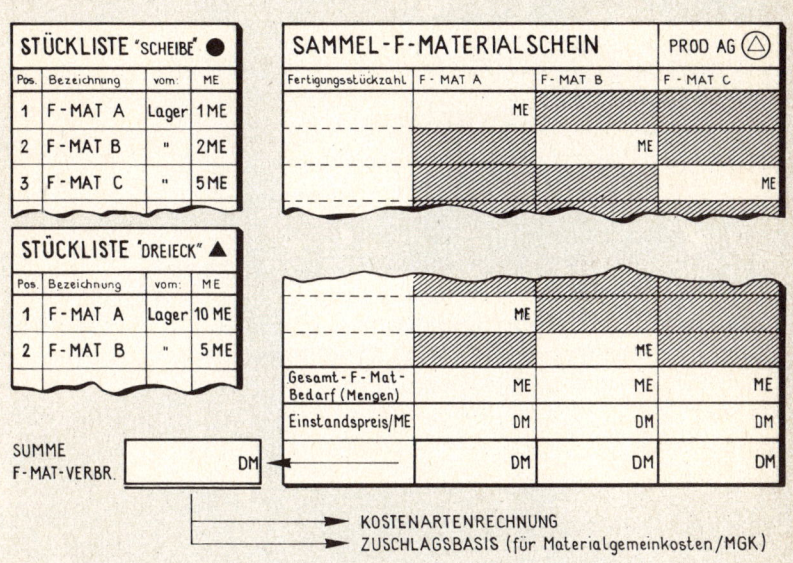

STÜCKLISTE "SCHEIBE" ●

Pos.	Bezeichnung	vom:	ME
1	F-MAT A	Lager	1 ME
2	F-MAT B	"	2 ME
3	F-MAT C	"	5 ME

STÜCKLISTE "DREIECK" ▲

Pos.	Bezeichnung	vom:	ME
1	F-MAT A	Lager	10 ME
2	F-MAT B	"	5 ME

SAMMEL-F-MATERIALSCHEIN   PROD AG △

Fertigungsstückzahl	F-MAT A	F-MAT B	F-MAT C
	ME		
		ME	
			ME
	ME		
		ME	
Gesamt-F-Mat-Bedarf (Mengen)	ME	ME	ME
Einstandspreis/ME	DM	DM	DM
	DM	DM	DM

SUMME F-MAT-VERBR.   DM

→ KOSTENARTENRECHNUNG
→ ZUSCHLAGSBASIS (für Materialgemeinkosten/MGK)

F-Mat = Fertigungsmaterial
ME = Mengeneinheit (Stück)

Für die **Kostenartenrechnung** (9/1)
wird die **Summe der F-Löhne** benötigt.

Aus der Multiplikation

Fertigungsstückzahl × Stückzeit × Minutenfaktor

ergibt sich der F-Lohn je Arbeitsgang.
Die Addition dieser Löhne ergibt die **Summe F-Lohn.**

$$\text{Minutenfaktor} = \frac{\text{Akkordrichtsatz}}{60 \text{ Minuten}}$$

Zur Erinnerung: Die Normalleistung der PROD AG
beträgt bei 2-Schicht-Betrieb:
20 000 Stück ● und
30 000 Stück ▲

LÖSUNGEN
ZU BLATT ④

SAMMEL-F-MATERIALSCHEIN			PROD AG △
20.000	20.000 ME		
20.000		40.000 ME	
20.000			100.000 ME
30.000	300.000 ME		
30.000		150.000 ME	
	320.000 ME	190.000 ME	100.000 ME
	0,10 DM	1,- DM	3,- DM
	32.000,- DM	190.000,- DM	300.000,- DM

5 22.000,- DM

ARBEITSPLAN "SCHEIBE" ●

Pos.	Arbeitsgang	Arbeits-platz	Lohn-gruppe	Stück-zeit
1	Bearbeiten	110	V	8'
2	Montieren	111	IV	5'
3	Prüfen	120/21	III	12'

ARBEITSPLAN "DREIECK" ▲

Pos.	Arbeitsgang	Arbeits-platz	Lohn-gruppe	Stück-zeit
1	Bearbeiten	110	V	1'
2	Montieren	111	IV	4'
3	Prüfen	120/21	III	5'

SAMMEL-F-LOHNSCHEIN   PROD AG △

Fertigungs-stückzahl	Fertigungsminuten insgesamt	Minuten-faktor	F - Lohn	
				①
				②
				③
				④
				⑤
				⑥
SUMME F - LOHN				⑦

Akkordrichtsatz: 60 Minuten

LOHNTAFEL
lt. Tarifvertrag

Lohngruppe	
DM	

AKKORDRICHTSATZ			
III	IV	V	VI
7,80	9,-	10,20	12,-

MINUTENFAKTOR			
III	IV	V	VI
-,13	-,15	-,17	-,20

→ ZUSCHLAGSBASIS FÜR FGK ⑩½

Die F-Löhne je Kostenstelle/Arbeitsplatz
werden für die Ermittlung der Personalnebenkosten (6) benötigt:

Arbeitsplatz 110 (Zeile 1 + 4)	32 300,-
111 (Zeile 2 + 5)	27 000,-
120/121 (Zeile 3 + 6)	50 700,-
Summe	110 000,-

Für die **Kostenartenrechnung** werden auch
die **Personal-Gemeinkosten** benötigt.
Führen Sie die nebenstehende
Lohn- und Gehaltsabrechnung durch!
Die Mitarbeiter sind alle
ihrer Kostenstelle zugeordnet,
so daß Sie im BAB diese Kosten
direkt verrechnen können.
Ermitteln Sie zuerst die jährlichen
Gehalts- bzw. Lohnsummen
und errechnen Sie daraus
die jeweiligen prozentualen
Personalnebenkosten.
Bei Zeitlöhnen und F-Löhnen
sind diese Personalnebenkosten
zum Teil bereits eingetragen,
um Ihnen die reine Rechenarbeit
zu ersparen.
In der untersten Zeile
sind die Gesamtsummen
der verschiedenen Personalnebenkosten
(von Gehältern, Zeitlöhnen und F-Löhnen)
bereits eingetragen.
Kontrollieren Sie die Einzelergebnisse,
bevor Sie die Werte
in die Kostenartenrechnung
und in den BAB übernehmen.

1. GEHÄLTER

NAME	KOSTEN-STELLE	GEHALTS- monatlich
Wickler, Ernst	200	3.000,-
Treiber, Horst	201	4.000,-
Kreter, Maria	202	2.000,-
Walter, Gerhard	203	3.000,-
Meister, Wilhelm	403	2.000,-
	SUMME	GEHÄLTER

2. ZEITLÖHNE

NAME	KOSTEN-STELLE	LOHN- monatlich
Lagerer, Heinz	500	500,-
	300	500,-
Schlosser, Fritz	401	1.500,-
	SUMME	ZEITLÖHNE

3. F-LÖHNE

	KOSTEN-STELLE	Aus Blatt ⑤
lt. Sammellohnschein	402/110	Zeile 1+4 =
lt. Sammellohnschein	402/111	Zeile 2+5 =
lt. Sammellohnschein	402/120	Zeile 3+6 =

◁ LÖSUNGEN ZU BLATT ⑤

SAMMEL -F-LOHNSCHEIN		PROD AG △	
20.000	160.000'	-,17	27.200,-
20.000	60.000'	-,15	9.000,-
20.000	240.000'	-,13	31.200,-
30.000	30.000'	-,17	5.100,-
30.000	120.000'	-,15	18.000,-
30.000	150.000'	-,13	19.500,-
			110.000,-

SUMME jährlich (mtl. x 12)	SOZ. ABGABEN (Arbeitgeberant.) 15% a. Gehaltssum.	SONST. GES. AUFW. 10% auf Gehaltssumme	FREIW. SOZ. AUFW. 5% auf Gehalts-summe	

▼ KOSTENARTENRECHNUNG

SUMME (o. Urlaub) jährlich (mtl. x 11)				URLAUBSLÖHNE 10% auf Lohn-summe
	825,-	550,-	275,-	
	825,-	550,-	275,-	
	2.475,-	1.650,-	825,-	

▼ KOSTENARTENRECHNUNG

F - LOHN jährlich				FEIERTAG/SONST. TÄTIGKEITEN 20% a. Lohnsumme
	4.845,-	3.230,-	1.615,-	3.230,-
	4.050,-	2.700,-	1.350,-	2.700,-
	7.605,-	5.070,-	2.535,-	5.070,-
SUMME PERSONAL-NEBENKOSTEN	45.825,-	30.550,-	15.275,-	13.750,-	22.000,-

BAB

KOSTENARTENRECHNUNG (9/1)

Ermitteln Sie die **kalkulatorischen Abschreibungen je Kostenstelle.**
Wie Sie aus der Beschreibung des Gesamtplanes wissen,
brauchen wir die Trennung nach Kostenstellen für den BAB.

Subtrahieren Sie die *kalkulatorischen Abschreibungen*
von den jeweiligen *Anschaffungswerten.*
(Um die Rechnung zu vereinfachen, wurde für alle Anlagen
einheitlich das Vorjahr als Anschaffungsjahr angenommen.)
Es verbleiben dann die *kalkulatorischen Restwerte*
am Ende des Planjahres.

Die Summen der kalk. Abschreibungen und der kalk. Restwerte
sind bereits eingetragen,
um Ihnen das zeitaufwendige Addieren zu ersparen.

Falls Sie dieses Thema nochmals nachlesen wollen,
es wurde auf den Seiten 75–84 beschrieben.

LÖSUNGEN ZU BLATT ⑥

1. GEHÄLTER	36.000,-	5.400,-	3.600,-	1.800,-	
	48.000,-	7.200,-	4.800,-	2.400,-	
	24.000,-	3.600,-	2.400,-	1.200,-	
	36.000,-	5.400,-	3.600,-	1.800,-	
	24.000,-	3.600,-	2.400,-	1.200,-	
	168.000,-				
2. ZEIT-LÖHNE	5.500,-	825,-	550,-	275,-	550,-
	5.500,-	825,-	550,-	275,-	550,-
	16.500,-	2.475,-	1.650,-	825,-	1.650,-
	27.500,-				
3. F-LÖHNE	32.300,-	4.845,-	3.230,-	1.615,-	3.230,-	6.460,-
	27.000,-	4.050,-	2.700,-	1.350,-	2.700,-	5.400,-
	50.700,-	7.605,-	5.070,-	2.535,-	5.070,-	10.140,-
		45.825,-	30.550,-	15.275,-	13.750,-	22.000,-

Ermittlung der kalkulatorischen Abschreibungen und des kalkulatorischen Restwertes (Planjahr) (7)

KOSTEN-STELLE	STAND-ORT	ART DES ANLAGE-GEGENSTANDES	ANSCHAF-FUNGSWERT	KALK. ABSCH.-SATZ	KALK. ABSCHREIBUNG	KALK. RESTWERT (Ende Planjahr)
	Raum	Grundstück	100.000,-			
		Gebäude	500.000,-	2%		
		Heizungsanlage	10.000.-	10%		
100		Summe Kostenstelle			11.000,-	599.000,-
401	Schloss.	Werkbank, u. ä.	2.000.-	10%		
402/110	Fertigung	Maschine	200.000.-	15%		
402/111		Fert.-Anlage	50.000.-	10%		
402/120, 121		Prüfplätze	20.000.-	25%		
403		Büroeinrichtung	1.000.-	10%		
300	F-Mat.-L.	Lagereinrichtung	5.000.-	10%		
	Entwicklg.	Laboreinrichtung	10.000.-	25%		
		Büroeinrichtung	1.000.-	10%		
200		Summe Kostenstelle			2.600,-	8.400,-
201	Vertrieb	Büroeinrichtung	2.000.-	10%		
500	Erz. Lgr.	Lagereinrichtung	4.000.-	20%		
202	Sekret.	Büroeinrichtung	1.500.-	20%		
203	Verwaltg.	Büroeinrichtung	1.000.-	10%		
		SUMME KALKULATORISCHE ABSCHREIBUNGEN			55.800,-	
		SUMME KALKULATORISCHE RESTWERTE (Ende Planjahr)				851.700,-

→ KOSTENARTENRECHNUNG (9/2)

→ BAB (10/1)

→ Blatt (8/1)

Es sollen die bei der Leistungserstellung
im Betrieb gebundenen Mittel erfaßt werden,
um die **kalkulatorischen Zinsen**
– das sind die Zinsen, die das eingesetzte Kapital
  bei anderer Anlageart erbringen würde –
errechnen zu können.

Zunächst ist die Summe der kalk. Zinsen
für die Kostenartenrechnung zu ermitteln.
Entnehmen Sie dazu die kalkulatorischen Restwerte
des Anlagevermögens Blatt (7),
die F-Mat-Bestände
sowie die Fertigerzeugnis-Bestände und deren Werte dem Blatt (0).

Addieren Sie die Einzelposten des *betriebsnotwendigen Vermögens*
und ziehen Sie das *Abzugskapital* ab,
um das *betriebsnotwendige Kapital* zu erhalten.
Von diesem betriebsnotwendigen Kapital
werden die kalkulatorischen Zinsen errechnet,
wobei in diesem Beispiel von einem Satz von 10 % auszugehen ist.

Beschreibung dieses Themenkreises: S. 85 ff.

LÖSUNGEN
ZU BLATT (7)

K'ST.	KALK. ABSCHR.	KALK. RESTWERT
	/////	100.000,–
	10.000,–	490.000,–
	1.000,–	9.000,–
100	11.000,–	599.000,–
401	200,–	1.800,–
402/110	30.000,–	170.000,–
402/111	5.000,–	45.000,–
402/120,121	5.000,–	15.000,–
403	100,–	900,–
300	500,–	4.500,–
	2.500,–	7.500,–
	100,–	900,–
200	2.600,–	8.400,–
201	200,–	1.800,–
500	800,–	3.200,–
202	300,–	1.200,–
203	100,–	900,–
	55.800,–	/////
		851.700,–

212

I. BETRIEBSNOTWENDIGES VERMÖGEN

a) Betriebsnotwendiges Anlagevermögen

Kalk. Restwerte des Anlagevermögens (aus Blatt ⑦)

DM

[ ]

b) Betriebsnotwendiges Umlaufvermögen

F - Mat - Bestände (aus Blatt ⓪):

	Bestand/ME		DM/ME		DM
A - MAT	[ ]	x	[ ]	=	[ ]
B - MAT	[ ]	x	[ ]	=	[ ]
C - MAT	[ ]	x	[ ]	=	[ ]

SUMME F-MAT-BESTÄNDE [ ]

Fertigerzeugnis - Bestände (aus Blatt ⓪)

	Bestand/Stck		DM/Stck		DM
Fert.-Erz. ●	[ ]	x	[ ]	=	[ ]
Fert.-Erz. ▲	[ ]	x	[ ]	=	[ ]

SUMME ERZEUGNISBESTÄNDE [ ]

Forderungen aus Lieferungen **117.300.-**

Flüssige Mittel **60.000.-**

I. SUMME BETRIEBSNOTWENDIGES VERMÖGEN [ ]

ABZÜGLICH "ABZUGSKAPITAL" (Lieferantenschulden) **%** **20.000.-**

II. BETRIEBSNOTWENDIGES KAPITAL (BNK) [ ]

10% auf BNK = Kalkulatorische Zinsen [ ]

Aufteilung der kalkulatorischen Zinsen auf Kostenstellen siehe Blatt ⑧/₂

⑨/₂

In einem zweiten Schritt
ist das **betriebsnotwendige Kapital** auf **Kostenstellen** zu verteilen,
damit sich die **kalk. Zinsen** auf die Kostenstellen verteilen lassen.

Entnehmen Sie aus Blatt (7) bzw. Blatt (8/1)
die dort errechneten Werte
und tragen Sie diese in die Spalte 4 ein,
wo das betriebsnotwendige Vermögen *abzüglich des Abzugskapitals*
verlangt wird.
Da das Abzugskapital im Beispiel jedoch
nur aus Verbindlichkeiten aufgrund von F-Mat-Lieferungen besteht,
werden diese 20 000,– DM in voller Höhe
bei den F-Mat-Beständen abgezogen.

Der Zinssatz wurde auf Blatt (8/1) mit 10 % festgelegt.

Errechnen Sie die Zinsen je Kostenstelle
und machen Sie sich die Mühe, die Spalte 5 als Kontrolle zu addieren;
es muß sich die gleiche Summe wie auf Blatt (8/1) ergeben.

Beschreibung dieses Themas auf S. 85 ff.

LÖSUNGEN
ZU BLATT (8/1)

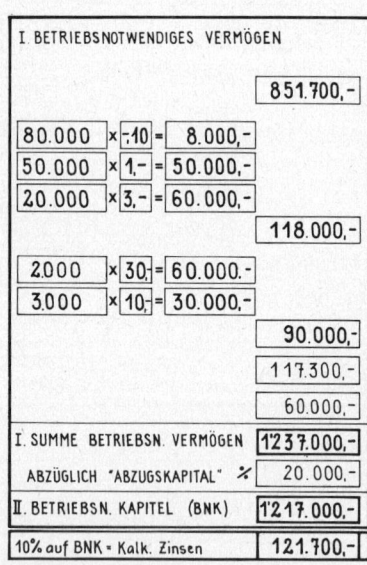

BEREICH	KOSTENSTELLE	ART DER KAPITALBINDUNG	BETR. NOTW. VERM. ABZ. ABZUGSKAP.	Anteilige Zinsen: 10% von Spalte 4
1	2	3	4	5
Raum	100	Kalk. Restwert Anlagevermögen		
Fertigung	401	Kalk. Restwert Anlagevermögen		
	402 / 110	Kalk. Restwert Anlagevermögen		
	402 / 111	Kalk. Restwert Anlagevermögen		
	402 / 120, 121	Kalk. Restwert Anlagevermögen		
	403	Kalk. Restwert Anlagevermögen		
F-MAT-Lager	300	Kalk. Restwert Anlagevermögen		
		+ F-MAT-Bestände		
		./. "Abzugskapital" *)	./.	
		= Summe F-MAT-Lager		
Entwicklung	200	Kalk. Restwert Anlagevermögen		
Vertrieb	201	Kalk. Restwert Anlagevermögen		
		+ Forderungen		
		= Summe Vertrieb		
Erzeugnis-Lager	500	Kalk. Restwert Anlagevermögen		
		+ Endbestand Erzeugnisse		
		= Summe Erz.-Lager		
Sekretariat	202	Kalk. Restwert Anlagevermögen		
Verwaltung	203	Kalk. Restwert Anlagevermögen		
		+ Flüssige Mittel		
		= Summe Verwaltung		
		SUMME KALKULATORISCHE ZINSEN (Kontrollsumme)		

↓ BAB

*) Da das "Abzugskapital" nur aus den Verbindlichkeiten aufgrund von F-MAT-Lieferungen stammt, wird es voll dem Bereich "F-MAT-Lager" zugerechnet.
Für die übrigen Kostenstellen ergeben sich die anteiligen kalk. Zinsen:
10% auf das betriebsnotw. Vermögen der Kostenstelle.

Mit den bisher ermittelten Werten
kann nun die **Kostenartenrechnung** vervollständigt werden.
Die Addition ergibt die Kosten der PROD AG bei Normalleistung.

Stellt man den Normalkosten die Normalleistung gegenüber,
so erhält man das Betriebsergebnis (bei Normalleistung).

Normalleistung
./. Normalkosten

= Betriebsergebnis

Beginnen Sie nun mit der Ermittlung der Normalkosten der PROD AG
und kreuzen Sie an,
ob es sich bei den einzelnen Kostenarten um
Einzelkosten oder *Gemeinkosten* handelt.
Die Gemeinkosten werden später im BAB auf die Kostenstellen verteilt.

Instandhaltungskosten, Energiekosten und der Übertrag
sind bereits in das Formular eingetragen.

Die Erfassung und Ermittlung der Kosten
wurde auf den Seiten 67–70 beschrieben.

LÖSUNGEN
ZU BLATT ⑧/2

KOSTEN-STELLE	BETR. NOTW. VERM. ABZ. ABZUGSKAP.	Anteilige Zinsen: 10% von Spalte 4
2	4	5
100	599.000,-	59.900,-
401	1.800,-	180,-
402/110	170.000,-	17.000,-
402/111	45.000,-	4.500,-
402/120	15.000,-	1.500,-
403	900,-	90,-
300	4.500,-	
	118.000,-	
	./. 20.000,-	
	102.500,-	10.250,-
200	8.400,-	840,-
201	1.800,-	
	117.300,-	
	119.100,-	11.910,-
500	3.200,-	
	90.000,-	
	93.200,-	9.320,-
202	1.200,-	120,-
203	900,-	
	60.000,-	
	60.900,-	6.090,-
		121.700,-

NORMALKOSTEN		DM.	Einz.-Kost.	GK
1. MATERIALKOSTEN				
1.1 F-MAT-Verbrauch	(aus Blatt ④)		○	○
1.2 Hilfsstoffe		17.000.-	○	○
1.3 Betriebsstoffe		5.000.-	○	○
2. PERSONALKOSTEN				
2.1 Fertigungslöhne (F-Lohn)	(aus Blatt ⑤)		○	○
2.2 Zeitlöhne	(aus Blatt ⑥)		○	○
2.3 Gehälter	(aus Blatt ⑥)		○	○
PERSONALNEBENKOSTEN				
2.4 Soziale Abgaben	(aus Blatt ⑥)		○	○
2.5 Sonstiger gesetzlicher Aufwand	(aus Blatt ⑥)		○	○
2.6 Freiwilliger sozialer Aufwand	(aus Blatt ⑥)		○	○
SONSTIGE NEBENKOSTEN				
2.7 Urlaubslöhne	(aus Blatt ⑥)		○	○
2.8 Feiertagslohn, sonst. Tätigkeit F-Löhner	(aus Blatt ⑥)		○	○
3. JNSTANDHALTUNGSKOSTEN				
3.1 Jnstandhaltung von Gebäuden		8.000.-	○	○
3.2 Jnstandhaltung von Maschinen		6.000.-	○	○
4. ENERGIEKOSTEN				
4.1 Stromverbrauch Maschinen (40 kW x 235 Tage x 8 Std. x 2 Sch. x 0,1064)		4.000.-	○	○
4.2 Stromverbrauch Beleuchtung		100.-	○	○
4.3 Brennstoffverbrauch (20 000 Ltr. x -,30 DM)		6.000.-	○	○

ÜBERTRAG: **1'001.000.-**

Bitte
Zutreffendes
ankreuzen

Geplante Normalleistung in Stück: 20 000 Stück von Erz. ●
30 000 Stück von Erz. ▲

Vervollständigen Sie die **Kostenartenrechnung**
und ermitteln Sie die **Summe der Normalkosten.**

Die **Normalleistung** setzt sich aus dem Umsatz
und der Bestandsänderung bei Erzeugnissen zusammen.
Den Umsatz können Sie noch nicht errechnen,
weil die Preise für die Produkte erst noch
aufgrund der Kalkulation ermittelt werden müssen.
Das ist erst möglich,
wenn Sie die Normal-Gemeinkosten-Zuschlagssätze
ausgerechnet haben.
Dazu müssen Sie den Normal-BAB fertigstellen.

Eine Bestandsveränderung bei Erzeugnissen wird nicht geplant,
d. h. es wird damit gerechnet, daß die hergestellten Produkte
alle verkauft werden.
Es gibt auch keine unfertigen Erzeugnisse.

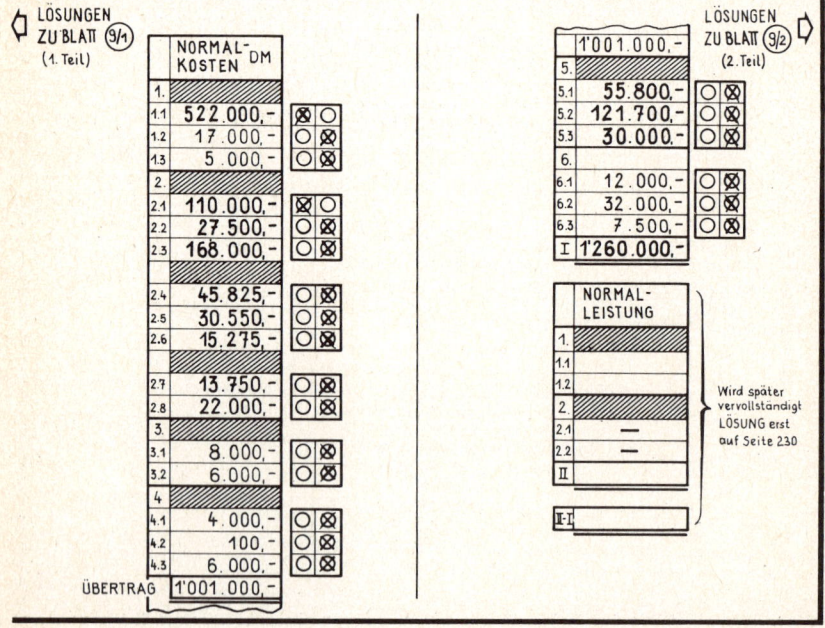

NORMALKOSTEN (Fortsetzung von Blatt ⑨⁄₁)	DM	Einz. Kost.	GK
Übertrag:	1'001.000.-	Bitte Zutreffendes ankreuzen	
5. KALKULATORISCHE KOSTEN			
5.1 Kalkulatorische Abschreibungen (aus Blatt ⑦)		◯	◯
5.2 Kalkulatorische Zinsen (aus Blatt ⑧⁄₁)		◯	◯
5.3 Kalkulatorische Wagnisse (2% des Vorjahresumsatzes 1'500.000,-)		◯	◯
6. SONSTIGE KOSTEN			
6.1 Reisekosten	12.000.-	◯	◯
6.2 Verschiedene Bürokosten	32.000.-	◯	◯
6.3 Telefongebühren	7.500.-	◯	◯
I. SUMME NORMALKOSTEN			

NORMALLEISTUNG	DM
1. UMSATZ	
1.1 Verkauf Erz. ● (20 000 Stück x .... DM/Stck.) *)	
1.2 Verkauf Erz. ▲ (30 000 Stück x .... DM/Stck.) *)	
2. BESTANDSÄNDERUNG ERZEUGNISSE	
2.1 + Bestandsmehrung	—
2.2 − Bestandsminderung	—
II. SUMME NORMALLEISTUNG	

II-I BETRIEBSERGEBNIS	

Wird später vervoll-ständigt (erst wenn ⑪ + ⑫ ermittelt sind).

*) Preis ist aufgrund der Kalkulation erst noch festzulegen.

Nachdem Sie für die Kostenartenrechnung
die Lohn- und Gehaltsabrechnung durchgeführt
und die kalkulatorischen Zinsen und Abschreibungen ermittelt haben,
kann der **Betriebsabrechnungsbogen** fertiggestellt werden.

Der erste Teil des BAB beschäftigt sich
mit der **Verteilung der Gemeinkostenarten auf die Kostenstellen.**
Die Vorarbeit dazu haben Sie
in den vorangegangenen Arbeitsschritten geleistet.

Wie Sie sehen, sind in diesem ersten Teil des BAB
bereits einige Zahlenreihen eingetragen.
Für das Verständnis dieser Aufgabe ist es nötig, daß Sie
das Übertragen der Zahlen an einigen Beispielen nachvollziehen.
Das Verteilen *aller* Zahlen würde zu viel Zeit in Anspruch nehmen.

BETRIEBSABRECHNUNGSBOGEN (BAB)

Zu errechnen aufgrund der Angaben aus:	Blatt	KOSTEN-STELLEN / KOSTEN-ARTEN	SUMME Gemeinkosten	ALLG. KOSTENST. Raumkosten 100	Schlosserei 401	FERTIGUNGS- 402/110
Materialscheine		1. Hilfsstoffe	17.000,-			8.000,-
Materialscheine		2. Betriebsstoffe	5.000,-	3.000,-	1.000,-	300,-
Lohnabrechnung	⑥	3. Zeitlöhne				
Gehaltsabrechnung	⑥	4. Gehälter				
Lohn-+ Gehaltsabr.	⑥	5. Soz. Abgaben				
Lohn-+ Gehaltsabr.	⑥	6. Sons. ges. Aufw.			1.650,-	3.230,-
Lohn-+ Gehaltsabr.	⑥	7. Freiw. soz. Aufw.			825,-	1.615,-
Lohn-+ Gehaltsabr.	⑥	8. Urlaubslöhne				
Lohn-+ Gehaltsabr.	⑥	9. Feiertagslöhne / sonst. Tätigkeit, Aktivitäten				
Lieferanten-Rechnungen		10. Instandhaltung	14.000,-	8.000,-	500,-	2.000,-
a. Schlüsselung *)	⓪	11. a. Stromverbr. Masch.	4.000,-			
b. voll auf Raumkosten		11. b. Stromverbr. Beleuchtg.	100,-	100,-		
voll auf Raumkosten		12. Brennstoffverbrauch	6.000,-			
aus Blatt	⑦	13. Kalk. Abschreibungen				
aus Blatt	⑧⑫	14. Kalk. Zinsen				
voll auf Kostenst. 201	⑨⑫	15. Kalk. Wagnisse				
Reiseabrechnungen		16. Reisekosten	12.000,-			
lt. Rechnungen		17. Bürokosten	32.000,-			
Aufzeichnungen der Tel. Zentrale		18. Telefongebühren	7.500,-			
		19. Summe direkte GK	628.000,-	88.000,-	24.980,-	79.480,-

*) nach Anschlußwerten kW aufschlüsseln.

Doch nun zum Lösen der Aufgabe:

In der Spalte ganz links sehen Sie,

aus welcher Unterlage die Zahlen und Informationen zu entnehmen sind.

– Übertragen Sie zuerst die Gemeinkosten, die auf Blatt (9)
  als solche gekennzeichnet wurden, in die Spalte »Summe Gemeinkosten«.

– Übernehmen Sie dann aus den Blättern (6) – (8/2) die Anteile
  der einzelnen Kostenstellen an diesen Gemeinkosten.

Den Stromverbrauch bei Maschinen müssen Sie aufschlüsseln.

Die Summenzeile der direkten Gemeinkosten brauchen Sie nicht zu rechnen,
sie ist bereits vorgegeben. Hier können Sie überprüfen,
ob Ihre eingetragenen Zahlen stimmen, indem Sie die Addition durchführen.

| BEREICH | | Meisterei | Material-lager | Entwicklung | VERTRIEBSBEREICH | | Sekretariat | Verwaltung |
402/111	402/120,121	403	300	200	Vertriebsabt. 201	Erz. Lager 500	202	203
4000,–	5.000,–							
200,–	100,–		200,–			200,–		
2.700,–	5.070,–	2.400,–	550,–	3.600,–	4.800,–	550,–	2.400,–	3.600,–
1.350,–	2.535,–	1.200,–	275,–	1.800,–	2.400,–	275,–	1.200,–	1.800,–
1.000,–	500,–		200,–	1.000,–		500,–	100,–	200,–
		500,–		2.000,–	6.000,–		500,–	3.000,–
				4.000,–	8.000,–		12.000,–	8.000,–
				1.000,–	3.000,–		1.500,–	2.000,–
32.100,–	42.520,–	31.890,–	18.850,–	58.240,–	121.510,–	18.520,–	45.720,–	66.190,–

PROD AG

Nun zum zweiten, etwas schwierigeren Teil des BAB, den **Umlagen.**
Es müssen zuerst die allgemeine Hilfskostenstelle »Raum« auf alle
anderen Kostenstellen und dann die besonderen Hilfskostenstellen 401,
403 und 202 auf die zugeh. Hauptkostenstellen »umgelegt« werden.
Dann werden die **Normal-Gemeinkosten-Zuschlagssätze** errechnet.
Als Hilfe sind die schwierigeren Rechenschritte beschrieben.

Zeile 20: Entnehmen Sie die Angaben über die qm je Kostenstelle
dem Übersichtsblatt (0) und ermitteln Sie die Gesamtfläche.
Zeile 21: Die Kosten des Meisters werden nach Köpfen auf die
Kostenstellen 401 und 402 verteilt (siehe Blatt [0]).
Zur Vereinfachung der Rechnung verwenden wir
den gerundeten Betrag von 4 000,– DM/Kopf.
Zeile 22: Berechnen Sie die Gesamtkosten der Schlosserei und
verteilen Sie diese nach den vorgegebenen Verhältniszahlen
auf die 3 Kostenstellen der Fertigungswerkstatt.

	Fortsetzung	BETRIEBSABRECHNUNGSBOGEN	ALLG. KOSTENST.	FERTIGUNGS -	
		Schlüssel für Umlage	Raumkosten 100	Schlosserei 401	Arbeitspl. 110 402/110
19	Summe direkte GK	Übertrag von Blatt (10/1)	88.000,-	24.980,-	79.480,-
20	Umlage der Raumkosten	Belegte Fläche gemäß Blatt ⓪ DM/m² = 440,-			
21	Umlage der Kosten des Meisters	Jm Verhältnis der Köpfe der Kostenst. 401 u.402 (aus Bl.⓪) DM/Kopf 4.000,-			
22	Umlage der Kosten der Schlosserei	Gemäß Stundenaufzeichnung 5 : 2 : 1 1 Teil = 4.200,-			
23	Umlage der Kosten des Erzeugnis-Lagers	Alle Kosten auf Vertriebs-abteilung			
24	Umlage der Kosten des Sekretariats	je zur Hälfte auf Vertrieb, Verwaltung			
25	SUMME GEMEINKOSTEN DER HAUPTKOSTENST.				117.280,-

ERMITTLUNG DER NORMAL-GEMEINKOSTENZUSCHLÄGE   FERTIGUN

Summe F-Min ● 26
(aus Blatt ⑤)

Summe F-Min ▲ 27
(aus Blatt ⑤)

	ERMITTLUNG DER HERSTELLKOSTEN DER ERZEUGUNG ● und ▲	SUMMEN PLANJAHR
siehe Zeile 30	Fertigungs-Material-Verbrauch	
siehe Zeile 25	+ Material-Gemeinkosten (K'st.300)	
aus Blatt ⑤	+ Fertigungs-Löhne insgesamt	
siehe Zeile 25	+ Fertigungs-Gemeinkosten insgesamt	
	Summe Herstellkosten der Erzeugung	

Gesamt F-Min/ Planjahr   28

FGK je F-Min (FGK-Faktor) 29
(zwei Kommastellen gerundet)

Zeilen 23 und 24: Verteilen Sie die Summen der Kostenstellen
500 und 202 nach dem vorgegebenen Schlüssel.
Zeile 25: Der BAB ist fertig, wenn Sie die fehlenden Summen
bei den Hauptkostenstellen bilden.
Ermittlung der Normal-Gemeinkosten-Zuschlagssätze:
Zeile 29: Die FGK-Faktoren errechnen sich aus dem Verhältnis
FGK : F-Min. bei Normalleistung
(2 Stellen hinter dem Komma gerundet).
Zeile 31: Der MGK-Zuschlag in % wird aus dem Verhältnis von MGK
zu F-Mat-Verbrauch ermittelt (auf volle Zahlen gerundet).
Zeile 32: Wie die Herstellkosten errechnet werden,
ersehen Sie aus der kleinen Tabelle links unten.
Zeile 33: Die Zuschläge für die Gruppen-Gemeinkosten werden
wie folgt ermittelt: EGK, VtrGK, VGK in %
von Summe Herstellkosten (auf volle Zahlen gerundet).

| BEREICH | | | Material-lager | Ent-wicklung | VERTRIEBSBEREICH | | Sekre-tariat | Verwaltung |
Arbeitspl.111 402/111	Arb.Pl.120/121 402/120,121	Meister 403	300	200	Vertriebsabt. 201	Erz.-Lager 500	202	203
32.100,-	42.520,-	31.890,-	18.850,-	58.240,-	121.510,-	18.520,-	45.720,-	66.190,-

| 52.900,- | | | | 71.440,- | | | | |

| GS·GK (Su. 241.700,- DM) | | | MATERIAL-GK | ENTWICKL·GK | VERTRIEBS·GK | | | VERWALTG·GK |

			DM/F-Min					
30 Fertigungs-Materialverbrauch (a. Bl. 4)								
31 Material-Gemeinkosten-Zuschlag (MGK) (25 in % von 30) volle % Sätze			%					
			MGK					
32 SUMME HERSTELLKOSTEN DER ERZEUGUNG								
33 Zuschlagssätze für Gruppen-Gemeinkosten (25 in % von 32) volle % Sätze				% EGK	% Vtr. GK			% VGK

LÖSUNGEN
ZU DEN BLÄTTERN (10/1) + (10/2)

KOSTEN-ARTEN / KOSTEN-STELLEN	SUMME Gemeinkosten	100
1	17.000,-	
2	5.000,-	3.000,-
3	27.500,-	
4	168.000,-	
5	45.825,-	
6	30.550,-	
7	15.275,-	
8	13.750,-	
9	22.000,-	
10	14.000,-	8.000,-
11	4.000,- / 100,-	100,-
12	6.000,-	6.000,-
13	55.800,-	11.000,-
14	121.700,-	59.900,-
15	30.000,-	
16	12.000,-	
17	32.000,-	
18	7.500,-	
19	628.000,-	88.000,-
20	440,-	
21	4.000,-	
22	4.200,-	
23		
24		
25		

	SUMMEN PLANJAHR
	522.000,-
	32.050,-
	110.000,-
	241.700,-
	905.750,-

224

401	402/110	402/111	402/120,121	403	300	200	201	500	202	203
	8.000,-	4.000,-	5.000,-							
1.000,-	300,-	200,-	100,-		200,-			200,-		
16.500,-					5.500,-			5.500,-		
				24.000,-		36.000,-	48.000,-		24.000,-	36.000,-
2.475,-	4.845,-	4.050,-	7.605,-	3.600,-	825,-	5.400,-	7.200,-	825,-	3.600,-	5.400,-
1.650,-	3.230,-	2.700,-	5.070,-	2.400,-	550,-	3.600,-	4.800,-	550,-	2.400,-	3.600,-
825,-	1.615,-	1.350,-	2.535,-	1.200,-	275,-	1.800,-	2.400,-	275,-	1.200,-	1.800,-
1.650,-	3.230,-	2.700,-	5.070,-		550,-			550,-		
	6.460,-	5.400,-	10.140,-							
500,-	2.000,-	1.000,-	1.000,-		200,-	1.000,-		500,-	100,-	200,-
	2.800,-	1.200,-								
200,-	30.000,-	5.000,-	5.000,-	100,-	500,-	2.600,-	200,-	800,-	300,-	100,-
180,-	17.000,-	4.500,-	1.500,-	90,-	10.250,-	840,-	11.910,-	9.320,-	120,-	6.090,-
							30.000,-			
				500,-		2.000,-	6.000,-		500,-	3.000,-
						4.000,-	8.000,-		12.000,-	8.000,-
						1.000,-	3.000,-		1.500,-	2.000,-
24.980,-	79.480,-	32.100,-	42.520,-	31.890,-	18.850,-	58.240,-	121.510,-	18.520,-	45.720,-	66.190,-
-4.400,-	8.800,-	4.400,-	8.800,-	4.400,-	13.200,-	13.200,-	8.800,-	8.800,-	4.400,-	8.800,-
				36.290,-				27.320,-	50.120,-	
4.000,-	8.000,-	8.000,-	16.000,-							
33.380,-										
	21.000,-	8.400,-	4.200,-							
								27.320,-		
								25.060,-		25.060,-
	117.280,-	52.900,-	71.520,-		32.050,-	71.440,-	182.690,-			100.050,-

	26	160.000'	60.000'	240.000'	
	27	30.000'	120.000'	150.000'	
	28	190.000'	180.000'	390.000'	
	29	0,62	0,29	0,18	DM/F-Min

30	522.000,-
31	6 %
32	
33	8 %	20 %

905.750,-

11 %

Nun zu dem dritten Arbeitsgebiet der Kostenrechnung,
der **Kostenträgerstückrechnung** oder **Kalkulation.**
Sie haben bereits auf Seite 155 eine Kalkulation
für das Produkt »Viereck« durchgeführt
und werden wahrscheinlich ohne größere Schwierigkeiten
die Kalkulationen für die Produkte »Scheibe« ● und »Dreieck« ▲
(Blätter 11 und 12) erstellen können.
Alle erforderlichen Informationen liegen jetzt vor.
Die FGK-Faktoren für die Fertigungs-Gemeinkosten, die in den
Zeilen 11, 12, 13 gebraucht werden, wurden im BAB ermittelt.
Sie finden diese FGK-Faktoren auf Blatt (10/2).
Die Zuschlagssätze für die Material-Gemeinkosten
sowie Verwaltungs-, Vertriebs- und Entwicklungs-Gemeinkosten
haben Sie ebenfalls im Anschluß an die Erstellung des BAB
(Blatt 10/2) errechnet.
Übertragen Sie diese Prozentzahlen
in die Zeilen 5, 17, 18 und 19 des Kalkulationsblattes.
Runden Sie die einzelnen Beträge auf *volle Pfennige.*
Als Ergebnis der Kalkulation erhalten Sie
die **Selbstkosten je Stück.**
Davon läßt sich die Preisvorstellung (ohne Mehrwertsteuer)
für ein Produkt ableiten, indem das erforderliche Ergebnis
(10 % auf die Selbstkosten) hinzugerechnet wird.

Kalkulation für Erzeugnis »Scheibe«

STÜCKLISTE "SCHEIBE" ●

Pos.	Bezeichnung	vom:	ME
1	F-MAT-A	Lager	1 ME
2	F-MAT-B	Lager	2 ME
3	F-MAT-C	Lager	5 ME

MATERIAL-PREISLISTE

Materialart	DM / ME
F-MAT-A	-.10
F-MAT-B	1.-
F-MAT-C	3.-

ARBEITSPLAN "SCHEIBE" ●

Pos.	Arbeitsgang	Arb. Platz	Stück-zeit	Lohn-gruppe
1	Bearbeiten	110	8'	V
2	Montieren	111	3'	IV
3	Prüfen	120/21	12'	III

LOHNTAFEL Lohngruppe

	AKKORD - RICHTSATZ			
	III	IV	V	VI
	7.80	9.-	10.20	12.-

	MINUTEN FAKTOR			
	III	IV	V	VI
	-.13	-.15	-.17	-.20

KALKULATIONSBLATT für Erzeugnis   "SCHEIBE" ●   PROD AG △

Pos.		MENGE	DM / ME	DM	DM	DM
1	F-MAT-A					
2	F-MAT-B					
3	F-MAT-C					
4				SUMME F-MAT		
5	Materialgemeinkosten (MGK)		%			
6				SUMME MATERIALKOSTEN		
		LOHN-GR	F-MIN	MIN-FAKT.		
7	F-Lohn "Bearbeiten"	V				
8	F-Lohn "Montieren"	IV				
9	F-Lohn "Prüfen"	III				
10				SUMME F-LOHN		
		F-MIN	GK-FAKT.			
11	FGK Arb. Pl. 110					
12	FGK Arb. Pl. 111					
13	FGK Arb. Pl. 120/121					
14				SUMME FGK		
15	(10 + 14)			SUMME FERTIGUNGSKOSTEN		
16	(6 + 15)			HERSTELLKOSTEN (HK)		
17	Verwaltungs-Gemeinkosten (VGK)		%			
18	Vertriebs-Gemeinkosten (Vtr GK)		%			
19	Entwicklungs-Gemeinkosten (EGK)		%			
20	SELBSTKOSTEN je Stück					
21	PREISVORSTELLUNG (Selbstkosten + erforderliches Ergebnis von 10% auf SK			volle DM		→ ⑨

Ebenso wie das Produkt »Scheibe«
wird das Produkt »Dreieck« kalkuliert,
um die **Selbstkosten** für jedes Produkt zu erhalten.

Führen Sie die Kalkulation
für das Erzeugnis »Dreieck« dementsprechend durch!

Wenn Sie für beide Produkte die Preisvorstellung ermittelt haben,
blättern Sie bitte zurück auf Blatt (9/2).
An dieser Stelle wurde gesagt,
daß der Umsatz erst eingetragen werden kann,
wenn die Verkaufspreise für beide Erzeugnisse kalkuliert sind.
Nun sind Sie in der Lage,
den Gesamtumsatz für die Produkte »Scheibe« und »Dreieck«
und dann das **Betriebsergebnis** zu ermitteln. (Lösung s. Seite 230)
Die Übung ist damit abgeschlossen.
Sie haben nun die wichtigsten Arbeiten
der Kostenrechnung nachvollzogen.

◁ LÖSUNGEN
  ZU BLATT ⑪

1	1	-,10	-,10	
2	2	1,-	2,-	
3	5	3,-	15,-	
4				17,10
5	6 %			1,03
6				18,13
7	8'	-,17	1,36	
8	3'	-,15	-,45	
9	12'	-,13	1,56	
10				3,37
11	8'	-,62	4,96	
12	3'	-,29	-,87	
13	12'	-,18	2,16	
14				7,99
15				11,36
16				29,49
17	11 %			3,24
18	20 %			5,90
19	8 %			2,36
20				40,99
21				45,-

Kalkulation für Erzeugnis »Dreieck«

STÜCKLISTE 'DREIECK' ▲

Pos.	Bezeichnung	vom:	ME
1	F-MAT-A	Lager	10 ME
2	F-MAT-B	Lager	5 ME

MATERIAL-PREISLISTE

Materialart	DM / ME
F-MAT-A	-.10
F-MAT-B	1.-
F-MAT-C	3-

ARBEITSPLAN 'DREIECK' ▲

Pos.	Arbeitsgang	Arb. Platz	Stück-zeit	Lohn-gruppe
1	Bearbeiten	110	1'	V
2	Montieren	111	4'	IV
3	Prüfen	120/21	5'	III

LOHNTAFEL   Lohngruppe

AKKORD-RICHTSATZ				MINUTEN FAKTOR			
III	IV	V	VI	III	IV	V	VI
7.80	9.-	10.20	12.-	-.13	-.15	-.17	-.20

KALKULATIONSBLATT für Erzeugnis   'DREIECK" ▲   PROD AG △

Pos.		MENGE	DM/ME	DM	DM	DM
1	F-MAT-A					
2	F-MAT-B					
3	F-MAT-C	—	—	—		
4				SUMME F-MAT		
5	Materialgemeinkosten (MGK)		%			
6				SUMME MATERIALKOSTEN		

Pos.		LOHN-GR	F-MIN	MIN·FAKT.	DM	DM	DM
7	F-Lohn "Bearbeiten"	V					
8	F-Lohn "Montieren"	IV					
9	F-Lohn "Prüfen"	III					
10					SUMME F-LOHN		

Pos.		F-MIN	GK-FAKT.	DM	DM	DM
11	FGK Arb. Pl. 110					
12	FGK Arb. Pl. 111					
13	FGK Arb. Pl. 120/121					
14				SUMME FGK		
15	(10+14)			SUMME FERTIGUNGSKOSTEN		
16	(6+15)			HERSTELLKOSTEN (HK)		
17	Verwaltungs-Gemeinkosten (VGK)		%			
18	Vertriebs-Gemeinkosten (Vtr GK)		%			
19	Entwicklungs-Gemeinkosten (EGK)		%			
20	SELBSTKOSTEN je Stück					
21	PREISVORSTELLUNG (Selbstkosten + erforderliches Ergebnis von 10% auf SK)			volle DM	→	⑨

229

Sie haben nun eine Planungsrechnung für die PROD AG
unter ganz bestimmten Annahmen durchgeführt,
damit ist eine Reihe von Zusammenhängen deutlich geworden.
Weitere Einsichten erschließen sich,
wenn Sie mit dem Modell »weiterspielen«.
Vielleicht rechnen Sie einmal durch, wie sich in den Kosten,
im Betriebsergebnis oder in den Zuschlagssätzen folgende
(in der Wirklichkeit ständig eintretende) Ereignisse auswirken:
– Materialpreisverteuerung/-verbilligung (z. B. + 5 %)
– Lohn-/Gehaltserhöhungen (z. B. 10 %)
– Einsparung von F-Minuten (z. B. 10 %) durch Rationalisierung
– Einsparung von 2 ME »F-Mat B« bei Produkt Scheibe ●
  durch Konstruktionsänderung
– Umsatzausfall (Herstellung von 20 000 Scheiben,
  Verkauf von 18 000, Bestandsmehrung von + 2 000)
– Rückgang auf 1-Schicht-Betrieb (= 1/2 Normalleistung)
– Erhöhung, Senkung der Verkaufspreise (+ 5 %/– 5 %)
– Verdoppelung der Lagerbestände (F-Mat)
– Veränderung der Programmstruktur (z. B. 30 000 ● und 10 000▲).
Der Vergleich mit den Werten der Abschlußübung (S. 195–230) zeigt
die – oft unerwarteten – Auswirkungen dieser betrieblichen Vorgänge.

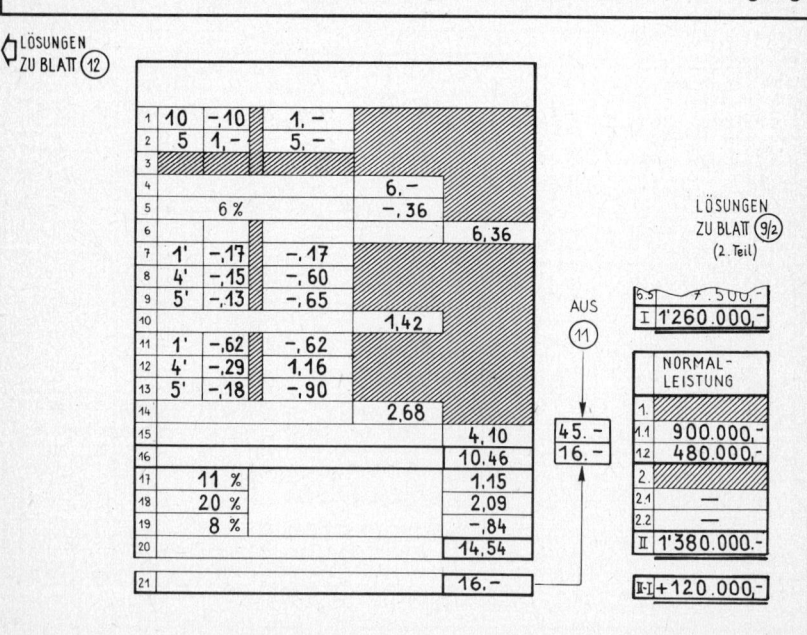

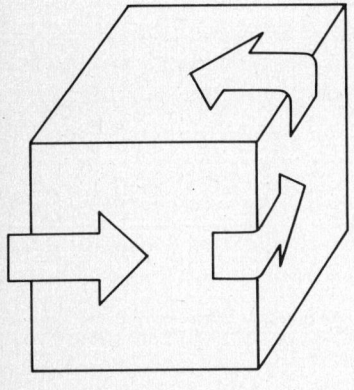

Modellbetrieb: PROD AG

Unternehmenserfolg und
Kostenrechnung

WAS wird verzehrt,
welche Kosten entstehen
– Kostenartenrechnung –

WO
entstehen die Kosten
– Kostenstellenrechnung –

WOFÜR
entstehen die Kosten
– Kostenträgerrechnung –

Praktisches Beispiel:
Kostenrechnung der PROD AG

Anhang

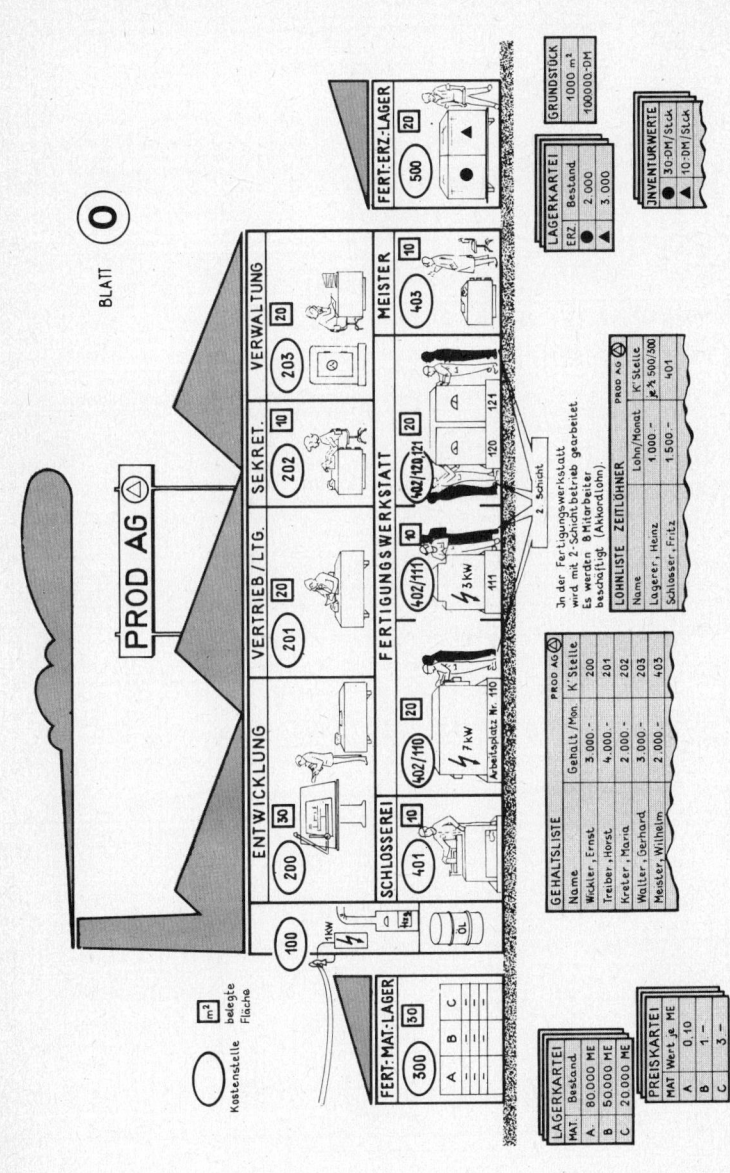

BLATT **O**

Kostenstelle ⬭   ☐ m²   belegte Fläche

PROD AG △

ENTWICKLUNG (200) 50

VERTRIEB/LTG. (201) 20

SEKRET. (202) 10

VERWALTUNG (203) 20

FERT.-ERZ.-LAGER (500) 20

SCHLOSSEREI (401) 10

FERTIGUNGSWERKSTATT (402/110) 20   7 KW   Arbeitsplatz Nr. 110

(402/111) 10   3 KW   111

(402/120/121) 20   120   121

MEISTER (403) 10

(100)   11 KW

In der Fertigungswerkstatt wird im 2-Schicht-betrieb gearbeitet.
Es werden 8 Mitarbeiter beschäftigt. (Akkordlohn)

2. Schicht

FERT.-MAT.-LAGER (300) 50

LAGERKARTEI	
MAT.	Bestand
A	80 000 ME
B	50 000 ME
C	20 000 ME

PREISKARTEI	
MAT	Wert je ME
A	0,10
B	1,—
C	3,—

GEHALTSLISTE		PROD AG △
Name	Gehalt/Mon.	K'Stelle
Wickler, Ernst	3.000,—	200
Treiber, Horst	4.000,—	201
Kreter, Maria	2.000,—	202
Walter, Gerhard	3.000,—	203
Meister, Wilhelm	2.000,—	403

LOHNLISTE ZEITLÖHNER		PROD AG △
Name	Lohn/Monat	K'Stelle
Lagerer, Heinz	1.000,—	je ½ 500/500
Schlosser, Fritz	1.500,—	401

LAGERKARTEI		
ERZ.	Bestand	
●	2.000	
▲	3.000	

GRUNDSTÜCK	
1000 m²	
100.000,— DM	

INVENTURWERTE	
▲	30 DM/Stck.
●	10 DM/Stck.

© 1977 ECON-Verlagsgruppe · Düsseldorf – Wien

Anlage zu:
DER SCHLÜSSEL ZUR KOSTENRECHNUNG, Walther Zorn

233

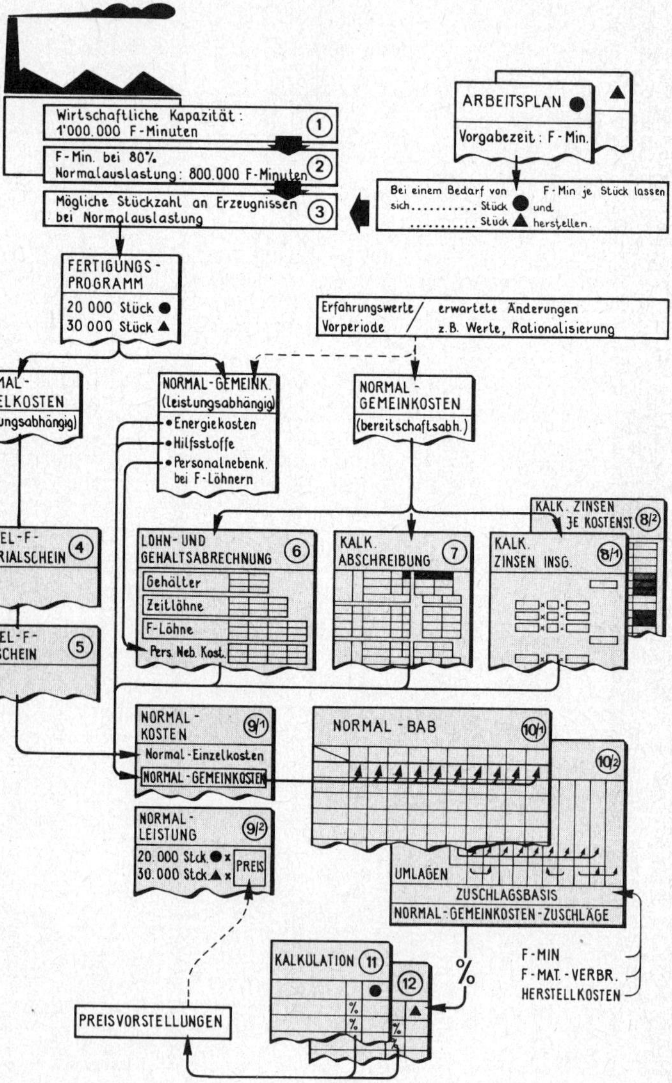

ARBEITSPLAN ● ▲

Vorgabezeit : F - Min.

Bei einem Bedarf von .... F · Min je Stück lassen
sich .... Stück ● und
.... Stück ▲ herstellen.

Wirtschaftliche Kapazität :
1'000.000 F - Minuten ①

F - Min. bei 80%
Normalauslastung: 800.000 F - Minuten ②

Mögliche Stückzahl an Erzeugnissen
bei Normalauslastung ③

FERTIGUNGS -
PROGRAMM

20 000 Stück ●
30 000 Stück ▲

Erfahrungswerte / erwartete Änderungen
Vorperiode / z.B. Werte, Rationalisierung

NORMAL -
EINZELKOSTEN
(leistungsabhängig)

NORMAL - GEMEINK.
(leistungsabhängig)
• Energiekosten
• Hilfsstoffe
• Personalnebenk.
bei F - Löhnern

NORMAL -
GEMEINKOSTEN
(bereitschaftsabh.)

SAMMEL - F -
MATERIALSCHEIN ④

SAMMEL - F -
LOHNSCHEIN ⑤

LOHN - UND
GEHALTSABRECHNUNG ⑥

| Gehälter |
| Zeitlöhne |
| F - Löhne |
| Pers. Neb. Kost. |

KALK.
ABSCHREIBUNG ⑦

KALK.
ZINSEN INSG. ⑧/1

KALK. ZINSEN
JE KOSTENST. ⑧/2

NORMAL -
KOSTEN ⑨/1

Normal - Einzelkosten
NORMAL - GEMEINKOSTEN

NORMAL - BAB ⑩/1

⑩/2

NORMAL -
LEISTUNG ⑨/2

20 000 Stck ● x
30 000 Stck ▲ x   PREIS

UMLAGEN

ZUSCHLAGSBASIS
NORMAL - GEMEINKOSTEN - ZUSCHLÄGE

KALKULATION ⑪

⑫ %

F - MIN
F - MAT. - VERBR.
HERSTELLKOSTEN

PREISVORSTELLUNGEN

© 1977 ECON-Verlagsgruppe · Düsseldorf – Wien
Anlage zu:
DER SCHLÜSSEL ZUR KOSTENRECHNUNG, Walther Zorn

KOSTENARTENÜBERSICHT	PROD AG △	
	PLAN	JST
1.MATERIALKOSTEN		
1.1 F-MAT-Verbrauch		
1.2 Hilfsstoffe		
1.3 Betriebsstoffe		
2.PERSONALKOSTEN		
2.1 Fertigungslöhne (F-Lohn)		
2.2 Zeitlöhne		
2.3 Gehälter		
PERSONALNEBENKOSTEN		
2.4 Soziale Abgaben		
2.5 Sonstiger gesetzlicher Aufwand		
2.6 Freiwilliger sozialer Aufwand		
SONSTIGE NEBENKOSTEN		
2.7 Urlaubslöhne		
2.8 Feiertagslohn, sonst.Tätigk. F-Löhner		
3. JNSTANDHALTUNGSKOSTEN		
3.1 Jnstandhaltung von Gebäuden		
3.2 Jnstandhaltung von Maschinen		
4. ENERGIEKOSTEN		
4.1 Stromverbrauch Maschinen		
4.2 Stromverbrauch Beleuchtung		
4.3 Brennstoffverbrauch		
5.KALKULATORISCHE KOSTEN		
5.1 Kalk. Abschreibungen		
5.2 Kalk. Zinsen		
5.3 kalk.Wagnisse		
6. SONSTIGE KOSTEN		
6.1 Reisekosten		
6.2 Verschiedene Bürokosten		
6.3 Telefongebühren		
I. SUMME KOSTEN		

Personen- und Sachregister

Literaturverzeichnis

Die getroffene Auswahl ist nur ein Querschnitt durch das große
Angebot und soll Ihnen vor allem weitere Anregungen einfacherer
und anspruchsvollerer Art bieten. Die Auswahl ist weder vollständig
noch begrenzt auf die hier behandelten Probleme.

Böckel, J.-J., u. a.   Moderne Kostenrechnung,
lernpsychologisch aufbereitet.
2. Auflage, Verlag W. Kolhammer GmbH, Stuttgart 1974

Bremicker/Gröner/Zorn Einführung in den Industriebetrieb (3 Bände)
Programmierte Unterweisung
1. Auflage, Verlag Hoffmann und Campe, Hamburg, 1975.

Dr. Gablers Wirtschaftslexikon, 8. Auflage, Betriebswirtschaftlicher
Verlag Dr. Th. Gabler, Wiesbaden 1971

Habel, F.   Der Schlüssel zur Bilanz
Programmierte Unterweisung
1. Auflage, Verlag Hoffmann und Campe, Hamburg 1974

Mellerowicz, K.   Neuzeitliche Kalkulationsverfahren
2. Auflage, Rudolf-Haufe-Verlag, Freiburg i. B., 1966

Olfert, K.   Kostenrechnung
Friedr. Kiehl Verlag GmbH, Ludwigshafen 1976

Preitz, O. (Hrsg.)   Allgemeine Betriebswirtschaftslehre
für Studium und Praxis.
Verlag für Unternehmensführung Dr. Max Gehlen, Baden-Baden und Bad Homburg vor der Höhe, 1973

Rieper, B., u. a.   Programmierte Einführung
in das betriebliche Rechnungswesen.
2. Auflage, Verlag Moderne Industrie, München 1973

Schönfeld, H.-M.   Kostenrechnung
5. Auflage, C. E. Poeschel Verlag, Stuttgart 1970

Schweitzer, M., u. a.   Systeme der Kostenrechnung (mit Arbeitsbuch)
Verlag Moderne Industrie, München 1975

Wöhe, G.   Einführung in die
Allgemeine Betriebswirtschaftslehre.
11. Auflage, Verlag Vahlen, München 1973

Inhaltsverzeichnis

WOFÜR entstehen die Kosten – Kostenträgerrechnung

Praktisches Beispiel: Kostenrechnung der PROD AG

Anhang

Schriftenreihe Wirtschaftspraxis
Herausgegeben von Martin F. Wolters

 Verlag
Postfach 9229
4000 Düsseldorf 1

Hans Herbert Schulze

rororo lexikon zur datenver- arbeitung

Schwierige Begriffe einfach erklärt.
rororo handbuch 6220/DM 7,80

Aufgabe dieses Lexikons ist es, den Zugang
zu der Schlüsseltechnologie der Daten-
verarbeitung zu erleichtern, Übersetzungs-
hilfen aus dem „Computer-Chinesisch"
zu geben. Es vermittelt leicht faßlich das
EDV-Grundwissen und unterrichtet über die
Hauptanwendungsbereiche. Wer als
Betroffener interessiert ist, wer einen EDV-
Beruf anstrebt oder wer sich in einem EDV-
Randberuf Fachwissen aneignen muß,
findet hier eine verläßliche Erstinformation.

926/1

Martin F. Wolters (Hg.)

der schlüssel zum computer

Einführung in die elektronische Datenver-
arbeitung. Eine programmierte Unterweisung.

Band 1: Leitprogramm
Erarbeitet vom ILS-Institut für Lern-
systeme GmbH
rororo sachbuch 6839/DM 6,80

Band 2: Textbuch
65 Abbildungen sowie
300 Zeichnungen
rororo sachbuch 6840/DM 9,80

Das Textbuch vermittelt die Informationen in
sach- und lerngerechten Einheiten; ihre
Aneignung wird kontinuierlich durch die im
Leitprogramm zu lösenden Aufgaben
kontrolliert. Diese in zahlreichen Tests
geprüfte und verbesserte Programmierung
der Lernschritte sichert einen optimalen
Lernerfolg.

927/1

Didaktische Sachbücher für Schule und Erwachsenenbildung

Ernst H. v. Bernewitz / Konrad v. Bonin
Das Grundgesetz verstehen
Didaktisches Sachbuch zu Verfassungsrecht und
Gesellschaftswirklichkeit.
Erläuterungen – Materialien – Arbeitsvorschläge.
6995 / DM 5,80

Ernst H. v. Bernewitz
Wirtschaft und Politik verstehen
Didaktisches Sachbuch zur Vorgeschichte und Geschichte
der Bundesrepublik.
Erläuterungen – Materialien – Arbeitsvorschläge.
7118 / DM 9,80.

Gerhard Breidenstein
Internationale Konzerne
Arbeitsbuch für Schulen, Gewerkschaft, politische
Gruppen. Die Macht der Multis: Woher sie kommt, wem
sie nützt und was wir dagegen tun können.
7080 / DM 6,80.

Erhard Meueler (Hg.)
Unterentwicklung
Arbeitsmaterialien für Schüler, Lehrer und Aktionsgruppen.
Wem nützt die Armut der Dritten Welt?
Band 1 und 2, 6906/6907 / beide DM 9,90

Betriebswirtschaftslehre

rororo studium · Herausgegeben von Ernesto Grassi

studium rororo

Politikwissenschaft

rororo studium · Herausgegeben von Ernesto Grassi

Axel Görlitz
Politikwissenschaftliche Propädeutik [25]

Inhalt:

Rechtswissenschaften

rororo studium · Herausgegeben von Ernesto Grassi

Thomas Blanke / Rainer Erd /
Ulrich Mückenberger / Ulrich
Stascheit (Hg.) (Univ. Frankfurt)
Kollektives Arbeitsrecht
Quellentexte zur Geschichte des
Arbeitsrechts in Deutschland
Band 1 (1840–1932) [74]
Band 2 (1933–1974) [75]

Anne-Eva Brauneck
(Univ. Gießen)
Allgemeine Kriminologie [57]

Rolf-Peter Calliess
Strafvollzugsrecht [111]

Erhard Denninger
(Univ. Frankfurt/Main)
Staatsrecht 1
Einführung in die Grundprobleme
des Verfassungsrechts der
Bundesrepublik Deutschland **[34]**

Bernhard Grossfeld
(Univ. Münster)
**Praxis des Internationalen Privat-
und Wirtschaftsrechts [67]**
Rechtsprobleme multinationaler
Unternehmen

Winfried Hassemer
(Univ. Frankfurt/Main)
**Strafrechtsdogmatik und
Kriminalpolitik [56]**

Martin Kriele (Univ. Köln)
Einführung in die Staatslehre [35]
Die geschichtlichen Legitimitäts-
grundlagen des demokratischen
Verfassungsstaates

Karl Kroeschell (Univ. Göttingen)
**Deutsche Rechtsgeschichte 1
(bis 1250) [8]**

**– Deutsche Rechtsgeschichte 2
(1250–1650) [9]**

Niklas Luhmann (Univ. Bielefeld)
Rechtssoziologie 1 + 2 [1 + 2]

Hans-Joachim Mertens /
Christian Kirchner / Erich Schanze
Wirtschaftsrecht [118]

Peter Noll (Univ. Zürich)
Gesetzgebungslehre [37]

Karl-Dieter Opp (Univ. Hamburg)
Soziologie im Recht [52]

Peter Raisch (Univ. Bonn)
Unternehmensrecht 1 + 2
Band 1. Unternehmensprivatrecht:
Handels- und Gesellschaftsrecht
[46]
Band 2. Aktien- und Konzern-
recht. Mitbestimmung
und Fusionskontrolle **[47]**

Eberhard Schmidhäuser
(Univ. Hamburg)
Einführung in das Strafrecht [12]

Klaus Tiedemann (Univ. Gießen)
**Subventionskriminalität in der
Bundesrepublik**
Erscheinungsformen, Ursachen
und strafrechtliche Folgerungen
[53]
**– Wirtschaftsstrafrecht und Wirt-
schaftskriminalität 1 + 2**
1. Allgemeiner Teil **[85]**
2. Besonderer Teil **[86]**

Manfred Wolf
**Gerichtliches Verfahrensrecht
[119]**

Natur und Wissenschaft

Prof. Dr. HANS BENDER
Unser sechster Sinn. Telepathie, Hellsehen, Spuk. Mit 99 teils mehrf. Abb. [6796]

WERNER BRAUNBEK
Neue Physik. Die Revolutionierung des physikalischen Weltbildes [6898]

NIGEL CALDER
Erde – ruheloser Planet. Die Revolution der modernen Erdwissenschaft [6859]

Das Lebensspiel. Die Evolution im Licht der modernen Biologie [6945]

Die Wettermaschine. Droht eine neue Eiszeit? [7057]

HOIMAR VON DITFURTH
Zusammenhänge. Gedanken zu einem naturwissenschaftlichen Weltbild [7053]

VITUS B. DRÖSCHER
Die freundliche Bestie. Forschungen über das Tier-Verhalten [6845]

Sie töten und sie lieben sich. Naturgeschichte sozialen Verhaltens [6998]

HANS W. FRICKE
Korallenmeer. Verhaltensforschung am tropischen Riff. Einführung: Irenäus Eibl-Eibesfeldt. Mit 66 farb. Abb. [6910]

KARL VON FRISCH
Zwölf kleine Hausgenossen. Mit 90 Abb. im Text [6966]

HEINZ HABER
Unser blauer Planet. Die Entwicklungsgeschichte der Erde. Mit 65 meist mehrfarbigen Abb. [6609]

Der Stoff der Schöpfung. Mit 82 meist mehrfarbigen Abb. [6625]
Der offene Himmel. Eine moderne Astronomie. Mit 72 meist mehrfarbigen Abb. [6691]

Brüder im All. Von der Möglichkeit kosmischen Lebens. Mit 65 meist mehrfarbigen Abb. [6720]
Unser Wetter. Einführung in die moderne Meteorologie [6831]
Stirbt unser blauer Planet? [6924]

EGMONT R. KOCH / WOLFGANG KESSLER
Menschen nach Maß. Manipulation der Erbanlagen – Eingriff in das Gehirn [6970]

ERWIN LAUSCH
Manipulation. Der Griff nach dem Gehirn. Methoden, Resultate, Konsequenzen der Gehirnforschung [6876]

JANE VAN LAWICK-GOODALL
Wilde Schimpansen. 10 Jahre Verhaltensforschung am Gombe-Strom. Fotos von Hugo van Lawick. Mit 49 einf. und 8 farb. Abb. auf Tafeln u. 20 Abb. im Text [6920]

JÜRGEN NICOLAI
Vogelleben. Einführung: Konrad Lorenz. Mit 60 farb. Abb. [6935]

BERTRAND RUSSELL
Das ABC der Relativitätstheorie. Neu herausgegeben v. Felix Pirani [6787]

HORST STERN
Bemerkungen über Pferde. Mit 126 meist mehrfarbigen Abb. [6841]
Bemerkungen über Hunde. Mit 92 meist mehrfarbigen Abb. [6855]
Bemerkungen über Bienen. Mit 73 meist mehrfarbigen Abb. [6881]
Mut zum Widerspruch. Reden und Aufsätze [6974]

NIKO TINBERGEN
Tierbeobachtungen zwischen Arktis und Afrika. Forscherfreuden in freier Natur. Mit einem Geleitwort von Konrad Lorenz. Mit 80 Abb. auf Tafeln und im Text [6822]

JAMES D. WATSON
Die Doppel-Helix. Einf. von Prof. Dr. Heinz Haber [6803]

KLAUS ZEEB
Pferde dressiert von Fredy Knie. Eine Verhaltensstudie [6929]

Handlexikon zur Politik-wissenschaft

Herausgegeben
von Axel Görlitz
Band 1 + 2
rororo handbuch
6169 + 6170

Handlexikon zur Rechts-wissenschaft

Herausgegeben
von Axel Görlitz
Band 1 + 2
rororo handbuch
6179 + 6180

859/1